Félix Lope de Vega y Carpio

La mayor corona

Créditos

Título original: La mayor corona.

© 2024, Red ediciones S.L.

e-mail: info@red-ediciones.com

Diseño de cubierta: Michel Mallard.

ISBN tapa dura: 978-84-1126-307-8.
ISBN rústica: 978-84-9816-195-3.
ISBN ebook: 978-84-9897-726-4.

Cualquier forma de reproducción, distribución, comunicación pública o transformación de esta obra solo puede ser realizada con la autorización de sus titulares, salvo excepción prevista por la ley. Diríjase a CEDRO (Centro Español de Derechos Reprográficos, www.cedro.org) si necesita fotocopiar, escanear o hacer copias digitales de algún fragmento de esta obra.

Sumario

Créditos _____ 4

Brevísima presentación _____ 7
   La vida _____ 7

Personajes _____ 8

Jornada primera _____ 9

Jornada segunda _____ 53

Jornada tercera _____ 103

Libros a la carta _____ 155

Brevísima presentación

La vida
Félix Lope de Vega y Carpio (Madrid, 1562-Madrid, 1635). España.
Nació en una familia modesta, estudió con los jesuitas y no terminó la universidad en Alcalá de Henares, parece que por asuntos amorosos. Tras su ruptura con Elena Osorio (Filis en sus poemas), su gran amor de juventud, Lope escribió libelos contra la familia de ésta. Por ello fue procesado y desterrado en 1588, año en que se casó con Isabel de Urbina (Belisa).
Pasó los dos primeros años en Valencia, y luego en Alba de Tormes, al servicio del duque de Alba. En 1594, tras fallecer su esposa y su hija, fue perdonado y volvió a Madrid. Allí tuvo una relación amorosa con una actriz, Micaela Luján (Camila Lucinda) con la que tuvo mucha descendencia, hecho que no impidió su segundo matrimonio, con Juana Guardo, del que nacieron dos hijos.
Entonces era uno de los autores más populares y aclamados de la Corte. En 1605 entró al servicio del duque de Sessa como secretario, aunque también actuó como intermediario amoroso de éste. La desgracia marcó sus últimos años: Marta de Nevares una de sus últimas amantes quedó ciega en 1625, perdió la razón y murió en 1632. También murió su hijo Lope Félix. La soledad, el sufrimiento, la enfermedad, o los problemas económicos no le impidieron escribir.

Personajes

Américo
Bada, dama
Cardillo, lacayo
Hermenegildo y Recaredo, sus hijos
Ingunda, dama
Leovigildo, rey
Lísipa
Músicos
Ofrido
Ormindo
Orosio, obispo hereje
Recaredo
Rodulfo
Teosindo
Un Ángel
Un Niño

Jornada primera

(Salen Ormindo y Teosindo y Rodulfo, galanes.)

Teosindo	¿En qué vendrá a parar esta locura?
Ormindo	En elegir mujer que le castigue.
Teosindo	¡Bárbara sumisión!
Rodulfo	No halla hermosura en tantas que le agrade y que le obligue.
Ormindo	Pues ¿qué procura el padre?
Rodulfo	El rey procura, en el discreto intento que apercibe, que venga a ser, Ormindo, alguna de ellas recíproca elección de las estrellas.
Teosindo	Princesas de naciones diferentes admira el Betis en su sacra orilla; algunas tan perfectas y excelentes, que por alta deidad las ve Sevilla.
Ormindo	¡Bravo rigor!
Rodulfo	Del príncipe, ¿qué sientes?
Teosindo	Que su tibieza al mundo maravilla; que si a tantas bellezas se resiste en defecto del ánimo consiste.
Ormindo	Doce son con las dos que entran agora

                    las que a España han venido.

Rodulfo   ¡Cosa extraña!
                    ¡Cómo a mujer un hombre se enamora!

Teosindo   Es el glorioso sucesor de España,
                    el Sol que nace en su rosada aurora
                    cuando el padre en el mar se asombra y baña.

Rodulfo   Si a las mujeres tiene tanto miedo,
                    deje el reino en su hermano Recaredo.

Ormindo   Dicen, si habla verdad la astrología,
                    que ha de causarle una mujer la muerte,
                    quitándole la sacra monarquía;
                    y no es mucho que tema de esa suerte.

Teosindo   ¡No hay estrellas sin Dios!

Rodulfo   Son armonía
                    por quien el hombre su grandeza advierte,
                    que canta el cielo, en cláusulas de estrellas,
                    la eterna potestad que puso en ellas.

Teosindo   Ya debe de llegar Lísipa hermosa,
                    pues el príncipe sale al regio trono.

Rodulfo   Si esta deidad elige por esposa
                    las pasadas locuras le perdono.

Teosindo   La música en los aires sonorosa
                    se pierde al Sol en lisonjero trono.

Rodulfo   ¡Bizarro está el príncipe!

Ormindo	¡Es gallardo!
Rodulfo	El fin de las demás de éstas aguardo.

(Vanse. Tocan. Salen Leovigildo, rey, de barba, bizarro. Hermenegildo, príncipe, su hijo, y siéntanse en un sitial. Con ellos sale Recaredo.)

Leovigildo
Los claros e invencibles ostrogodos
la griega y la romana monarquía
tradujeron a España, dando todos
renombre eterno a la grandeza mía.
Desde el peñasco, que en soberbios codos
el Sol entre sus llamas desafía,
hasta el monte del egipcio Alcides
mi majestad con sacro imperio mides.
Todos feudos me dan, todos me llaman
el magno sucesor de Atanarico;
todos me reverencian, quieren y aman
después que de Arrio la verdad publico.
Los suevios y romanos ya me aclaman
el monarca mayor y rey más rico
de cuantos gozan luz del Sol agora,
ya en su decrepitud y ya en su aurora.
En veinte mil estados dilatada
es España en dos estados dividida:
la citerior y la ulterior llamada,
del vándalo y fenicio poseída.
Esta, de plata y de zafir calzada
y de plantas fructíferas ceñida,
siempre verde lisonja del verano,
su príncipe te nombra soberano.
Esta te llama dueño, ésta te pide
sucesor generoso que propague

la goda majestad que en ti reside,
que no turbe la edad ni el tiempo estrague.
Alba es tu juventud, donde preside
el ardor juvenil y donde halague
lascivo amor angélica belleza,
que es bárbara sin él Naturaleza.
Estas cosas me mueven a que elijas
esposa, Hermenegildo, que dé a España,
que en santidad, eternidad erijas,
sucesor que me imite en tanta hazaña.
Ya todas dilaciones son prolijas,
ya es toda remisión necia y extraña.
Princesas, varias reinas te previenen,
pues en Sevilla hay diez, sin dos que vienen.

(Sale Cardillo, lacayo.)

Cardillo   Ya honrando vienen diferentes trajes
las princesas divinas, matizadas
como el cielo de auroras y celajes
y de escuadra de gente acompañadas;
y entre perlas, diamantes y balajes,
estrellas de sus soles fulminadas,
dan en sus ojos con valor profundo,
si al día más beldad más bien al mundo.
Llegué a las Cortes, y diciendo que era
tus ratos de placer y tus cosquillas
y una grave y gentil y otra severa,
brotaron en sus rostros maravillas.
La griega a uno mandó que ésta te diera,
que otra lámpara vi con cadenillas,
y la francesa fulminó un diamante
de un rayo de cristal que eclipsó un guante.
Riqueza es ser bufón; no hay tal oficio;

    todos nos dan, por miedo o por locura,
    que si en nosotros ya se premia el vicio,
    cuando está la virtud pobre y oscura,
    todos los que cursáis este ejercicio
    conmigo celebrad vuestra ventura,
    que aquel que loco os llama y tiene en poco,
    dándoos y sujetándoos es más loco.

(Tocan música y pase, acompañada, Ingunda, y con ella damas; ella, al pasar, hace una reverencia al rey y éntrase.)

Recaredo   ¿Qué te parece la francesa hermosa?

Hermenegildo   Otro espíritu nuevo me ha infundido.

Leovigildo   Si te parece bien, será tu esposa.

Cardillo   ¡Gracias a Dios que esposa has elegido!

Hermenegildo   Señor, obedecer es ley forzosa,
    puesto que el casamiento así es tenido;
    en vos con más razón, y como es justo,
    la voluntad resigno con mi gusto.
    Vos la esposa me dad de vuestra mano,
    de ella penda mi bien o mi mal penda;
    ora del cielo el astrologio vano
    ejecute la ley o la suspenda;
    ora por ella el bárbaro o tirano
    me deje sin imperio y sin hacienda,
    y mientan entre tantos imposibles
    los astros que se fingen infalibles.
    De las doce elegid una, que aquella
    que me diérades vos elegir quiero;
    vos la suerte seréis y vos la estrella

	que influye amor del alma lisonjero.
Leovigildo	Será la más gentil y la más bella mujer.
Hermenegildo	Aquesto solamente quiero, que la unión más conforme y más segura consiste en la virtud, no en la hermosura.
Leovigildo	Suertes tienen de echar, pues llego a verte con tal resolución.
Hermenegildo	Prenda es del cielo la mujer que al marido se da en suerte, y ansí vendré a perder todo el recelo; que una mujer me ha de causar la muerte, dice la astrología; mas yo apelo a la causa primera, que Dios solo brazo es que doma el mar y oprime el polo.
Leovigildo	Ahora eres mi hijo; ahora puedo reengendrarte en mis brazos nuevamente; ahora la corona te concedo que carga España en mi cesárea frente. Vamos a echar las suertes, Recaredo, a Hermenegildo, el rey.
Hermenegildo	Soy obediente. ¿Vos la esposa me dais?
Leovigildo	Casarte es justo.
Hermenegildo	Quejaos a vos si no saliera a gusto.

Recaredo   (Como Ingunda no sea, venturoso,
                 amor, me he de llamar.)

(Vanse Leovigildo y Recaredo.)

Cardillo   ¡Gracias al cielo
                 que ya, menos cansado y enfadoso,
                 quieres a España dar común consuelo!
                 ¡Gracias a Dios que fuiste para esposo!
                 Ya, señor, se acabó todo el recelo
                 que al casarte tenías, aunque un sabio
                 al casarse llamó el mayor agravio.

Hermenegildo   ¿Al casarse?

Cardillo   Al casarse.

Hermenegildo   Calla, necio.

Cardillo   ¿Pues no es mentís una mujer si sabe
                 a disgusto con ira y con desprecio?
                 Y dime, ¿hay bofetón que se le iguale
                 a una necia si cela Y habla recio,
                 aunque el hombre la halague y la regale?
                 Si al mayor regalo esto se deja,
                 ¿hay palos como ser la mujer vieja?
                 Luego bien dice el sabio, y más si es pobre
                 el casamiento, que éste es todo afrentas.
                 Renombre de animoso el nombre cobre,
                 que se engolfa a expugnar tantas tormentas.
                 Sóbreme paz y libertad me sobre.
                 ¡Oh tú, que altivo de esta ley te exentas,
                 joven gentil, que es, mira, en sus regalos
                 la mujer bofetón, mentís y palos!

(Sale Recaredo.)

Recaredo
    Llegué con mi padre, hermano,
    al cuarto do amor encierra
    las bellezas peregrinas
    por peregrinas bellezas,
    los extranjeros milagros
    en quien con mayor soberbia
    junta marfil para rayos,
    guarda cristal para flechas,
    que tan valiente en sus rostros
    se excedió naturaleza,
    que, admirada en ellas, juzga
    soberana omnipotencia.
    Salieron a recibirnos,
    por epiciclos de puertas
    doce estrellas, por que el cuarto
    el firmamento parezca.
    Vi en ella un Zodíaco hermoso
    con doce imágenes bellas,
    tórrida zona en que el Sol
    abrasaría con más fuerza,
    aunque pienso que bañaran
    con más templanza la tierra,
    porque todas parecían
    signos de la primavera.
    Lo extraño de los vestidos,
    lo diverso de las lenguas
    otra Babilonia forman,
    siendo amor gigante en ella.
    Salió Tilene divina
    en sí trasladando a Persia,
    vestida de nácar y oro,

tan gentil y tan honesta,
que a la rosa parecía
que a la aurora se desflueca;
para ser del Sol pastilla
ardía en sus conchas tiernas.
Lausinia, de azul, hacía
a los cielos competencia,
siendo entre estrellas de plata
cielo del mayor planeta.
Quedé en su vista abrasado,
quedé ciego en su presencia;
mas no es mucho si me vi
entre el Sol y las estrellas
de plata y de naranjado,
que laberintos se mezclan.
Salió el fénix de Alemania,
si en nieve el fénix se quema,
el naranjado color
entre la plata y las perlas
una naranja la hacía
de escarcha y de flor cubierta,
que por el rostro mostraba
lo dulce de su belleza,
que amor para el apetito
cortó naranja tan bella
de verde laudomia egipcia.
Fue un jardín en quien pudiera
perderse mejor que en Chipre
amor sin arco y sin venda.
De verdes plumas también
dilataba en su cabeza
una selva por penacho.
¡Quién se perdiera en tal selva!
De pardo rosado y oro

Clotilde salió, y Nerca
de verde mar, por que el mar
manso y templado parezca,
aunque nadie ve sus ojos
que se escape de tormenta,
Porque son almas de vidrio
donde las almas se anegan.
Leonora, de amor milagro,
vestida de blanca tela,
Sol pareció que, anublado,
en el invierno despierta
en la nieve de los montes,
que sacudir puede apenas
del cabello que el aurora
con dedos de oro le peina.
Posidonia de pajizo,
con mil asientos y piezas,
pirámide parecía
hecha de preciosas perlas.
Teodora gentil, sembrando
su buen gusto en copia siembra
lentejas de plata y oro
en campo de rosa seca.
Estaban tan bien guisadas,
que mil Esaúles pudieran
despreciar su mayorazgo
por tal plato de lentejas.
Camila, gloria de Italia,
de negro espolín cubierta,
burlar quiso tantos días
fingiéndose noche negra,
porque no negro, escarchado
en plata y oro, acrecienta
tanta hermosura en su noche,

que a oscuras los días deja.
Las que entran y las que salen
con admiración se encuentran,
porque magna conjunción
vimos allí de belleza.
Lísipa en ellas se admira,
Ingunda se espanta en ellas,
y en Lísipa y en Ingunda
ellas quedaron suspensas.
Las suertes propuso el rey,
y alegres y satisfechas
a las suertes remitieron
la dudosa competencia.
Ya están las estrellas juntas,
ya echando las suertes quedan.
Suerte y estrella tendrás,
seis suertes que estrellas echan;
medio soberano ha sido,
pues que quedaron contentas.
Y tú, por suerte casado,
iplega al cielo que la tengas
tan feliz como gloriosa,
dándole a España una reina
de quien a copias veamos
ángeles que le sucedan!

Hermenegildo   Recaredo, el casamiento
que Dios de su mano da
premio y regalo será,
aunque parezca tormento,
que en el casamiento obliga
cuando parece que apremia,
pues con los trabajos premia
como con ellos castiga.

El casamiento ha de ser,
para que de Dios se nombre,
formado de solo un hombre,
de quien salga la mujer.
Porque en constando de dos,
sin obediencia y respeto,
está en ellos el defeto,
aunque los regale Dios.
Y ansí, resuelto en casarme,
en la esposa que me diere
es justo que considere
que me la da por premiarme.

(Suena dentro música.)

Recaredo   Y que ya Dios te la ha dado
                   publican las alegrías.

Cardillo   Las salvas y chirimías
                   declaran tu nuevo estado.
                   ¡Oh, qué lástima te tengo,
                   príncipe, si llega a ser
                   loca o necia la mujer!

Hermenegildo   Para todo me prevengo.

(Sale Ormindo.)

Ormindo   Ya tienes, señor, esposa.
                   Albricias pido a los dos.

Hermenegildo   Yo las mando.

Recaredo   (¡Plega a Dios

que no sea Ingunda hermosa!)

(Sale Teosindo.)

Teosindo   Ya tienes, señor, estrella
                    que en tu sino te acompaña.
                    Ya tiene princesa España.

Hermenegildo   ¿En quién?

Teosindo   En Ingunda bella.

Recaredo   ¿Qué dices?

Teosindo   Que llegó tarde,
                    y que la primera fue.

Recaredo   (¡Muerto estoy!)

Hermenegildo   No culparé,
                    remiso, ingrato y cobarde,
                    ya al cielo, pues me da en suerte
                    la que entre tantas que vi
                    sola en el alma elegí.

Cardillo   Si en ella te da la muerte,
                    hermosa muerte te da
                    la astrología, que es bella
                    Ingunda.

Hermenegildo   Felice estrella
                    de mis imperios será.

(Sale Rodulfo.)

Rodulfo Ya para darte la mano
aguarda Ingunda.

Cardillo Señor,
ánimo y vamos.

Hermenegildo Amor,
en los orbes soberano
haz feliz suerte la mía,
aunque suerte he de tener
con ella siendo mujer
que Dios por suerte me envía.
Su orden guardo, su ley sigo,
porque ha de ser Premio en mí
el casamiento, aunque aquí
El me le dio por castigo.

Cardillo Gran valor has menester
si en ella Dios te castiga,
que a hacer locuras obliga
cuando es mala la mujer.
Si es necia es terrible cosa,
es muerte si es presumida,
si es soberbia es triste vida
y es infierno si es celosa.
Monte es si da en engordar,
si enflaquece es tentación;
al fin, señor, un melón
vas en Ingunda a comprar.
Dios te la depare buena,
que hay grande dificultad.

Hermenegildo Por locura y necedad

             tan vil discurso condena,

Cardillo   ¿Tal nombre le das?

Hermenegildo   Tal nombre
             le doy, que el venir a ser
             buena o mala la mujer
             consiste solo en el hombre.

Cardillo   Mi corto ingenio perdona.

Teosindo   Desposarte y coronarte
             quiere el rey, pues a llevarte
             vamos, señor, la corona.

Hermenegildo Yo me acordaré de todos.
             Ser quiero al rey obediente.

Ormindo   En ti viva eternamente
             la majestad de los godos.

Rodulfo   Inmortal vengas a ser,
             y amado y querido tanto,
             que te llamen el rey santo.

Hermenegildo Todo Dios lo puede hacer.

(Vanse todos, y queda Recaredo.)

Recaredo   ¡Que Ingunda en suerte saliese!
             Loco estoy; estoy sin mí.
             ¡Cielos! ¡Que en tantas ansí
             Ingunda su esposa fuese!
             ¡Que tan divina mujer

                        la corona ansí me quite!
                        ¿Quién tal sufre y tal permite?
                        ¡Cielos! ¿Qué tengo que hacer?
                        ¿Impedirlo? ¿Con qué fin?
                        Si no está la culpa en él
                        y es mi hermano. Mas de Abel
                        también fue hermano Caín,
                        y el primero fratricidio
                        por envidia comenzó,
                        y desesperado yo
                        con ella y con celos lidio.
                        ¡Que en doce viniese a ser
                        Ingunda la venturosa!
                        ¿Hay tal desdicha?

(Salen Bada y Lísipa, bizarras.)

Bada   Celosa
                        vengo de aquesta mujer.

Lísipa   Y yo vengo corrida
                a apercibir mi muerte y mi partida.
                ¡Que Ingunda sea casada!
                ¡Que me hiciese Amor tan desdichada!

Bada   Ver no pienso las bodas,
                que infierno han de ser sus fiestas todas.

Lísipa   Aquí, en dolor tan fuerte,
                nos podemos quejar de nuestra suerte.

Bada   ¡Que, siendo la postrera,
                esta ingrata la suerte mereciera!

Lísipa	Yo corrida he quedado.
Recaredo	(¡Que me hiciese amor tan desdichado!)
Bada	¡Que fuese la dichosa esta ingrata francesa! Estoy celosa. y atrevida emprendiera cualquier agravio que en su daño fuera.
Lísipa	Francesa no la llames ni ansí la gloria de su imperio infames, que esta tigre de Hircania espíritu dio a Austria y Alemania. Aspides de Borgoña que anega a España en tósigo y ponzoña.
Recaredo	(Si por nacer primero me prefiere mi hermano... ¡rabio!, ¡muero! ¿Quién puso ley tan fiera que la sangre a la sangre se prefiera, siendo una misma cosa? Y que ésta la hace el mundo ley forzosa. ¡Miente el mundo, que es vano pensar que me prefiera a mí mi hermano! Excederme no puede; pero ya que por ley tan vil me excede y el imperio me lleva, ¿por qué en Ingunda mi paciencia prueba? Pero no ha de gozalla. Campo ha de ser su lecho de batalla, y el tálamo florido cueva de horror, de basiliscos nido.)
Lísipa	Hoy será la partida.

Bada	Desesperada parto.
Lísipa	Y yo, corrida.
Recaredo	(Estas han de vengarme. De ellas quiero en mis celos ampararme.) ¿Dónde con tanta prisa? Bien parece que Amor áspides pisa.
Lísipa	Siempre así, apresurados, tras su fortuna van los desdichados.
Bada	Huir es justa cosa las desdichadas, hoy, de la dichosa.
Recaredo	Yo pienso que su dicha se ha de trocar en llanto y en desdicha porque del casamiento sé que está Hermenegildo descontento y por la menor cosa la dejará, eligiendo nueva esposa.
Lísipa	¿Es posible?
Recaredo	Esto pasa.
Bada	¿Que a disgusto se casa?
Recaredo	Así se casa, por cumplir por la suerte el gusto consagrado a ley tan fuerte; y ansí, si reducirle queréis de este rigor, podéis decirle

| | a mi padre que Ingunda
en las verdades de Atrio errores funda
y que sigue de Roma
la bárbara opinión, cosa que toma
tan mal el rey, que entiendo
que, luego el matrimonio disolviendo,
ha de hacer que mi hermano
elija otra esposa. Yo me allano
a ayudaros

Lísipa   Celosas,
las mujeres son sierpes ponzoñosas,
y en rigor tan terrible
no habrá para vengarnos imposible.

Bada   Todas nos juntaremos
y al rey cuanto ordenas le diremos.
Rigores imagina,
que es traza a nuestros celos peregrina.

Recaredo   El caso tendrá efeto
si apenas sabe el alma este secreto.

Lísipa   Piedras seremos.

Bada   Vamos,
y en todas basiliscos infundamos.
¡Muerta de celos voy!

Lísipa   ¡Y yo de envidia!

(Vanse las dos.)

Recaredo   ¡Qué presto en sus desvelos

se pudieron unir envidia y celos!
Perdóneme mi hermano,
porque es monarca Amor más soberano.
La corona le llevan,
por tantos modos mi paciencia prueban.
¿No bastaba la esposa?
¿La corona también? ¡Ah rigurosa
ley del tiempo enemigo!
¿Tengo la culpa yo en igual castigo?
Sí, que el nacer segundo
delito es ya que lo castiga el mundo.

(Pasan los tres caballeros, llevando el uno una fuente con tafetán y en ella la corona, y los dos con las espadas desnudas al hombro y descubiertos.)

                    Aguardad. ¿Dónde lleváis
la corona?

Teosindo   A la cabeza
del príncipe.

Recaredo   Si es su alteza
ya hoy, ¿cómo le llamáis
príncipe?

Ormindo   Porque no está
hasta ahora coronado.

Rodulfo   Hoy, con Ingunda casado,
Hermenegildo será
rey de España.

Recaredo   Es justa ley,
Porque merece mi hermano

	en imperio soberano
	ser del mundo el mayor rey.
	Y ésta, que piadosa abona
	su piedad, virtud y celo,
	le dé España hasta que el cielo
	le dé la mayor corona.
	Llevarla al rey, mi señor,
(Tómala.)	quiero yo.

Teosindo   Toma la fuente.

Recaredo   Si yo la llevo en la frente
                         no busquéis plato mejor.

(Pónganse todos de rodillas.)

                         ¿Qué hacéis?

Ormindo   Tan gran majestad
                        la corona te ha infundido
                        que alegres nos ha movido
                        a adorarte.

Recaredo   Levantad.

Rodulfo   ¡Viva el gran rey Recaredo!

Recaredo   ¡Vive Dios, que os mate!

Teosindo   Espera

Recaredo   ¡Ah corona lisonjera,
                        muerto entre tus puntas quedo!
                        Con ellas llevas la palma

(Habla con la corona.)	de mi invicto corazón.
	Pero no es mucho, si son
	puntas que pasan el alma.
	Burlando infundes en mí
	Otro espíritu, aunque injusto,
	pues me alegro y tengo gusto
	de que éstos me honren ansí.
	A sus voces lisonjeras
	por ti crédito estoy dando,
	Y si esto causas burlando,
	¿qué harás, corona, de veras?
	Otro parezco que soy.
	¡Qué mudanza tan extraña!
	¡Tiemble a Recaredo España!
Todos	¡Viva Recaredo!
Recaredo	Estoy
	tan trocado con tenella
	en mi frente, que acredito
	vuestras voces, que permito
	que rey me llaméis por ella.
	Nuevos pensamientos cría
	lo que me suspende ansí.
	¡Bien dicen, monstruo, que en ti
	comenzó la tiranía!
	Pero no he de ser tirano
	si en ti la ambición estriba.
Todos	¡Viva Recaredo! ¡Viva!
Recaredo	Decid que viva mi hermano.
Todos	¡Viva Hermenegildo!

Recaredo	Apruebo

                con la corona luciente
                mi lealtad, siendo la frente
                plato en que al rey se la llevo.

Teosindo   ¡Plaza al rey!

Recaredo   Lealtad y ley
                niega quien eso pregona.
                Decid: «¡Plaza a la corona!»,
                que llevo a mi hermano el rey.

(Vanse y salen Leovigildo, Hermenegildo e Ingunda, con acompañamiento y con música, y Cardillo también sale.)

Leovigildo   La esposa que Dios te envía
                es la que tienes presente,
                cuya hermosura desmiente
                la bárbara astrología.
                Suerte ha sido tuya y mía
                la suerte que le ha cabido,
                porque aunque ya la ha tenido
                con el suceso la advierte
                no ha sido suya la suerte,
                que nuestra la suerte ha sido.
                En ella esposa te doy,
                que Dios por suerte te ha dado;
                suerte ha sido en que has ganado
                y en que yo ganado estoy.
                Dividir mis reinos hoy,
                mi majestad y decoro
                quiero contigo, que adoro
                tanto tu obediencia en ti,

que ya tu cabeza aquí
ciñe de diamantes y oro.

Ingunda
Hoy por suerte os he ganado,
y en ser, señor, vuestra esposa
yo he sido la venturosa
y vos sois el desgraciado.
Que el matrimonio es estado
de gusto y de perfección
siendo por propia elección;
mas cuando forzado viene
como el nuestro, mucho tiene
de infierno y de confusión.
Hoy una suerte os condena
a un incierto padecer,
porque es suerte la mujer,
tal vez mala y tal vez buena.
Mas, pues el cielo lo ordena
y ansí os castiga conmigo
cuando la suerte consigo
con que el premio me señala,
pensad que soy suerte mala
y haréis menor el castigo.

Hermenegildo
Contento y premiado estoy,
señora, sin mereceros,
que hoy ha sido dicha el veros
por veros dichoso soy.
Ya en vos adorando estoy,
como el ciclo me lo advierte,
la paz que al tálamo vierte
con suerte siempre dichosa,
porque en suerte tan hermosa
no puede haber mala suerte.

Con soberano arrebol
en vuestro rostro divino
el cielo me ha dado un sino
de doce que tiene el Sol.
Signo del orbe español
os hace vuestra beldad,
y si la conformidad
en Géminis conocemos,
Cástor y Pólux seremos,
partiendo la eternidad.
Que aunque el casarme he temido
pudo, bella Ingunda, ser
hasta llegaros a ver
y hasta haberos conocido.
Mas ya tan agradecido
al temor que me condena
estoy, que adoro su pena;
que la suerte merecida,
cuando me cueste la vida,
lo juzgaré a suerte buena.

Ingunda   Ella me ha podido hacer
dueña de tanta ventura,
y entre tan varia hermosura
bien la he habido menester;
y si el hombre da a entender
que la suerte es una acción
sin decreto y sin razón
que la justicia pervierte,
disculpada está la suerte
en hacer de mí elección.
Que es tan necia y lisonjera,
que sin ley ni fundamento
desprecia el merecimiento

cuando premiarlo debiera.
Y ansí, si yo mereciera
algo por mí, todo aquello
que hoy me da viera perdello,
que consiste el merecer
de la suerte el no tener
partes para merecello.

Leovigildo   Tras las gracias y la mano
ya la corona os espera.
Subid al solio.

Ingunda   (¡Ay! ¡Si fuera
Hermenegildo cristiano!
Mas si es su padre arriano
seguirá su mismo error.)

Hermenegildo   De vuestras manos, señor,
recibo esposa tan bella.

Leovigildo   Dios te la ha dado.

Hermenegildo   Y con ella
me da la suerte mayor.

Leovigildo   Las insignias imperiales
y la corona traed.

Hermenegildo   Digna es tan grande merced
de manos tan liberales.

Leovigildo   Son, hijo, premios iguales
méritos de tu persona.

Hermenegildo   ¿Quién tu deidad no pregona?

(Sale Recaredo coronado, y uno con la ropa, otro con el estoque y otro con la alabarda.)

Recaredo   Ya la corona está aquí.

Leovigildo   Pues ¿cómo traes ansí
en tu frente la corona?

Recaredo   En una fuente venía,
y parecióme más digno
plato mi frente.

Leovigildo   El pensarlo
loca inadvertencia ha sido,
si no es bárbara ambición,
que ésta, Recaredo, se hizo
....
con milagroso artificio.
Solo es para una cabeza
este peso excelso y rico,
que pone partido en dos
la majestad en peligro.
Que es Sol para un cielo solo
en su cerco significo,
y a quien forma circular
lo dicen sus rayos mismos.
Forma de anillo contiene,
y ansí prender un anillo
dos dedos será en la mano
evidente perjuicio.
Esta pide, finalmente,
la frente de Hermenegildo,

          que la que en él es deidad
          en ti viene a ser delito.

Recaredo No ambición soberbia y loca,
          no bárbaro desatino
          me obliga a ceñir la frente
          de diamantes y jacintos.
          Lealtad fue y veneración,
          que el alma en mi frente quiso
          hacerle a mi hermano el rey
          a la suya un pasadizo.
          Y hasta dársela bien pude
          traela sin perjuicio,
          pues los dos somos hermanos
          y los dos somos tus hijos.
          Y ansí bien podía ser
          hoy mía como lo ha sido
          suya si eres tú mi padre
          y de una madre nacimos.
          De rodillas se la ofrezco,
          y si merezco castigo
          por traerla como rey
          humilde a sus pies me rindo.

Hermenegildo Del plato de tu cabeza,
          hermano, el presente estimo
          y della mitad te diera
          si fuera justo el partirlo.

Recaredo Esto fue nacer primero.

Leovigildo Porque primero ha nacido,
          loco, para coronarlo,
          de la frente te la quito.

Recaredo	Bien haces; pero algún día podría ser que lo mismo hicieras con él, que ya mayores cosas se han visto.
Leovigildo	Podrá ser estando muerto, mas no será estando vivo.
Hermenegildo	Bien podrá, que investigables son los secretos divinos.
Leovigildo	La mano agora le besa, que él, si fuesen los prodigios tan grandes, hará otro tanto entonces.
Recaredo	Cuanto aquí he dicho podrá ser.
Hermenegildo	Porque ser puede, hermano, no te replico.
Leovigildo (Corónale.)	Con ella por bien de España tus sagradas sienes ciño, y a tus pies su majestad y sus imperios resigno. Gobiérnales con prudencia, siendo acérrimo enemigo de los ignorantes que hacen del Padre coeterno el Hijo
(Bésale la mano.)	

Hermenegildo	Será éste de cristianos protesto.
Ingunda	(Ciego y perdido, de Arrio sigue con el padre (el bárbaro desatino. ¡Ay de mí!)
Leovigildo	Besa su mano. ¡Viva el rey Hermenegildo y su esposa Ingunda!
Todos	¡Vivan eternidades de siglos!
Leovigildo	Ahora que os dejo, rey sabio, prudente y bienquisto, me retiro a Tarragona y a la muerte me retiro, ya que estas insignias son para elegir los oficios de tu reino.
Hermenegildo	Queden todos en los criados antiguos. Con mi púrpura real en mi cámara confirmo a Ormindo, y hago mi estoque, mi camarero, a Teosindo.
Leovigildo	¿Y a quién haces capitán de tu guarda?
Hermenegildo	A quien estimo

	como a mí, porque tal carga
digna es del mayor amigo.
De vos, Rodulfo Sisberto,
mi vida y honor confío,
ya que de mi guarda os hago
capitán, para advertiros
de que sirváis con cuidado
en los mayores peligros.
Rodulfo	Yo os lo prometo, señor,
defenderos y serviros
hasta la muerte, esmaltado
de sangre mi acero fino.
Cardillo	Y a mí, ¿qué insignia me das?
Hermenegildo	Escógela tú.
Cardillo	Ya elijo,
señor, una cantimplora
con que siempre beba pío,
porque si soy tu prior
ansí mi nieve acredito,
como algunos que en la corte
son carámbanos vestidos.
Mas, pues Cardillo me llamas,
te advierto, como Cardillo,
que ya os da voces la noche.
Leovigildo	Verdad este loco ha dicho.
El tálamo venturoso
lograd.
Teosindo	El concurso a gritos

	pide a su rey.
Leovigildo	Salga al pueblo. Acompañadlo y seguidlo.
Hermenegildo	Todos quedad con mi padre.
Leovigildo	Ninguno quede conmigo. Ya soy un pobre vasallo que tu majestad publico.
Hermenegildo	Dame esa mano.
Leovigildo	Eres rey.
Hermenegildo	Vos mi padre.
Leovigildo	Enternecido estoy de gozo de veros.
Recaredo	(¡Ay de mí, que los envidio!)
Leovigildo	¡Viva Ingunda de Austria! ¡Viva Hermenegildo, su primo!
Ingunda	Señor, tú te descompones.
Leovigildo	Tanto puede el regocijo.

(Tocan. Vanse. Queda Leovigildo. Sale Lísipa y Bada.)

Lísipa	Ya está solo.
Leovigildo	Voy a hacer

| | que con antífonas y himnos
la Iglesia a Dios le agradezca
estos nuevos beneficios
de darle a España tal reina
y tal prenda a Hermenegildo. |
|----------|---|

Lísipa   Denos vuestra majestad
           licencia para partirnos,
           ya que a nosotras la suerte
           tan desgraciadas nos hizo.

Bada   Por eso suerte se llama
           y por eso le ha cabido
           a una cristiana, que intenta,
           temeraria, destruiros,
           refutando de Arrio santo
           los sagrados silogismos.

Leovigildo ¿Cristiana Ingunda?

Bada   Cristiana.

Leovigildo ¿Qué decís?

Lísipa   Lo que decimos
           es verdad.

Leovigildo   Envidia es ésa.

Lísipa   No es sino glorioso aviso.
           Mira que de Austria y Borgoña
           ésta a estorbar ha venido
           tu sosiego.

Leovigildo	¡Que es cristiana!
Bada	Oirás a voces decirlo a sus criados.
Lísipa	Y de ella las dos, señor, lo supimos.
Leovigildo	¡Válgame Dios!
Lísipa	¡Bueno queda!

(Vanse las dos.)

Leovigildo	Yo he dado heroicos principios al nuevo rey en su imperio. ¡Loco estoy! ¡Estoy perdido! ¿Qué he de hacer? Atropellar las bodas. Venga el obispo a anular el casamiento, o, con bárbaro martirio, muera esta cristiana fiera si la verdad averiguo. Por suertes mujer cristiana de Dios a España no vino, y pues no vino de Dios, suerte del infierno ha sido.

(Vanse, y sale Hermenegildo, desnudándose, y los caballeros y Cardillo.)

Cardillo	Lo que ha de sucederte diré como Cardillo.
Hermenegildo	Desnudadme.

Cardillo	Luego que entres a verte
con la reina, señor.
Hermenegildo	Glorias, dejadme,
o venid poco a poco,
si ya no pretendéis hacerme loco.
¡Ay, Ingunda divina!
Desabróchame apriesa. ¿No prosigues?
Cardillo	Corriendo la cortina,
si la hermosura de sus rayos sigues,
hallarás en su lecho,
medio dormido, al Sol en luz deshecho.
Llegarás amoroso
a abrasarte en sus rayos, y él, vistiendo
de rosa el rostro hermoso,
halagos y ternezas suspendiendo,
con honesto decoro,
hará el cabello celosías de oro.
Hallaráste anegado
entre los rizos bellos, cuyas ondas,
formando un mar dorado,
abismo te darán en que te escondas,
surcando, satisfecho,
por ellos al marfil blanco deshecho.
Hermenegildo	Gusto me has dado. Tuyo
es todo este vestido.
Cardillo	Tus pies beso.
Hermenegildo	Si a Amor le restituyo
la gloria que le debo, es poco el seso,

| | que en tan alta ventura
estar con seso aquí fuera locura.
Dame esa ropa, Ormindo.
Temblando voy. |
|---|---|
| Cardillo | Yo aguardo lo que falta,
señor, de mi vestido. |
| Hermenegildo | Pues la suerte me dio suerte tan alta,
¿qué miedo me detiene? |
| Cardillo | Vaya contigo Amor. |
| Teosindo | Tu padre viene. |
| Hermenegildo | Decid que recogido
con mi esposa estoy ya. |
| Ormindo | ¿Cómo es posible? |
| Hermenegildo | ¡Qué desgraciado he sido! |
| Teosindo | Amor, cuando desea, es insufrible. |

(Sale Leovigildo.)

Leovigildo	Hermenegildo, espera.
Hermenegildo	Ya desnudo me veis.
Leovigildo	Salíos afuera.
Cardillo	(Mi vestido me embarga.
¡Desdichado frión!)

Rodulfo	Confuso viene.

(Vanse. Quedan los dos.)

Leovigildo	Ya mi vejez amarga lamentables sucesos me previene.
Hermenegildo	¿Vos llorando? ¿Qué es esto?
Leovigildo	En tanto mal tu remisión me ha puesto.
Hermenegildo	¿Mi remisión?
Leovigildo	Sí.
Hermenegildo	No te entiendo. Pero si puedo excusarlo, no habrá imposible en serviros.
Leovigildo	¡Ay, hijo, dame los brazos!
Hermenegildo	Ved, señor, lo que he de hacer. No dudéis ni estéis llorando, que más que mi vida importa un átomo de ese llanto. Si lloráis arrepentido de haberme este imperio dado, desde luego lo renuncio. Volved a los solios sacros; vestid la púrpura tiria, y vuelva a causar espanto, en la plata de esas sienes, oro en relucientes rayos.

                        Vuestra humilde hechura soy,
                        y quien me pudo hacer tanto,
                        también deshacerme puede
                        con la vida de sus labios.

Leovigildo   ¿Eres mi hijo?

Hermenegildo   Sí soy.

Leovigildo   ¿Sigues las verdades de Arrio
                        como yo?

Hermenegildo   Y por ellas pienso
                        morir. Suspenso os aguardo.
                        ¿Qué he de hacer para serviros?

Leovigildo   Repudiar y no hacer caso
                        de Ingunda.

Hermenegildo   ¿De Ingunda?

Leovigildo   Sí.

Hermenegildo   ¿Cómo? ¿Si me la habéis dado
                        señor, por suerte del cielo
                        y es prenda de vuestra mano

Leovigildo   Esto ha de ser.

Hermenegildo   Esto solo,
                        cuando os reverencio y cuando
                        renuncio los reinos, es
                        imposible el renunciarlo.

Leovigildo	¡Advierte que esa mujer tu vida está amenazando, que han de cumplirse en ella tantos temidos presagios! ¡Mira que es cristiana!
Hermenegildo	¿Y es de vuestro pecho gallardo ése el disgusto?
Leovigildo	El temor se engendra en los pechos sabios.
Hermenegildo	Ya es Ingunda mi mujer; ya la adoro, estimo y amo, y será, el morir por ella, eterna vida y descanso. Ya resistirme no puedo; vos me la disteis. Culpado estáis solamente vos en este impensado caso. Remediarlo es imposible; más será posible, amando y persuadiendo, vencerla, que amor nace en los halagos. Yo la haré que se convierta a nuestra verdad, dejando sus errores y locuras, y sí no la satisfago con halagos, con rigores haré que deje su engaño.
Leovigildo	¿Dasme esa palabra?

Hermenegildo ¡Juro,
en fe de quien soy, de daros
la vida no siendo ansí!

Leovigildo Satisfecho voy.

Hermenegildo ¡Oh, cuánto
la ambición puede en los reyes!

(Vase Leovigildo. Sale Recaredo.)

Recaredo (Sabrá la verdad mi hermano,
¡oh amor! A Ingunda no goce,
que un celoso es temerario.)

Hermenegildo ¿Qué es eso?

Recaredo Dicen a voces
esos bárbaros criados
de Ingunda que ella es cristiana
y que son ellos cristianos.
Y dicen que por concierto
del pontífice romano
viene a perturbar la paz
de nuestra Iglesia, alterando
a Sevilla, y no te digo
cosas que aquí te las callo
por nuestro honor. No te fíes
de Ingunda, querido hermano,
aunque es de todos la afrenta
por ser tuyos los agravios.

(Vase.)

Hermenegildo	¿Qué es esto? ¡Válgame Dios Gustos del amor ingratos, ¿aun antes de los principios proponéis fines amargos? ¿Ingunda agravios a mí? ¿Cómo y cuándo? ¡Extraño caso! Pero solo el pensamiento suele en el honor causarlos; pero sin duda en envidia, que aun no ha dado el tiempo espacio, no pudiendo conocerlos para solo imagínarlos. Envidia es de mi ventura; envidia es; ¿de qué me agravio? En sus dogmas es cristiana, cosa que aborrezco tanto. Y la que engañada ansí sustenta errores tan falsos, también puede fingir, loca, la honestidad y el recato. ¡Confuso estoy! ¡Loco estoy! ¿Qué haré? Este es su cuarto y está sola. Salir quiero de esta pena y de este encanto. Este es el retrete adonde amor, generoso y casto, tálamo nos apercibe, ya de basiliscos campo.
(Cantan dentro.)	
Voz	¿Qué es la inmensa Trinidad?
Ingunda	Un Dios solo, en quien distintas

	tres Personas santas hay.
Voz	¡Verdad!
Hermenegildo	¿Agora música y voces cuando aguardándome está Correr la cortina quiero y ver esta novedad.

(Corre la cortina y está Ingunda elevada sobre una tarima, adonde esté un bufetillo y dos velas con un Cristo, y ella medio desnuda y suelto el cabello.)

Voz	¿Quién al Hijo y Dios engendra en su mente celestial?
Ingunda	El Padre y Dios, sin principio, con alta coeternidad.
Voz	¡Verdad! ¿Y el Santo Espíritu Dios, gracias que a todos los da?
Ingunda	Del Padre y Hijo procede en una conformidad.
Voz	¡Verdad! ¿Esto es lo que Roma cree?
Ingunda	Y esto creo, y creo más: que todo lo que Arrio sigue es desatino infernal.
Voz	¡Verdad! ¡Verdad!

Hermenegildo	¡Señora mía!
Ingunda	¿Quién es?
Hermenegildo	Cobarde en su honestidad
he quedado. ¿Quién podrá?
veros en clausura igual
que vuestro esposo no fuera?
(Aparte.)	(Forzoso es disimular.
Que el portento que aquí he visto
me dice su santidad.
Pero si es cristiana, ¿cómo
santa se puede llamar?)
Ingunda	¡Oh, Hermenegildo! ¡Oh, señor!
Hermenegildo	Vuestro esposo me llamad,
que es el más dulce apellido
que agora me podéis dar.
Ingunda	Si no sois mi esposo, ¿cómo
que os llame esposo mandáis?
Hermenegildo	¿No soy vuestro esposo?
Ingunda	No.
Hermenegildo	¿Cómo?
Ingunda	Esa silla tomad
y lo sabréis.
Hermenegildo	Mis deseos
ese espacio no me dan.

Ingunda	Sentaos y escuchadme.
Hermenegildo	(¡Cielos, no hay duda; cierto es mi mal!)
Ingunda	Yo soy, cristiana.
Hermenegildo	¿Cristiana?
Ingunda	Sí; y no puede ser jamás matrimonio el nuestro como vos también no lo seáis.
Hermenegildo	¿Yo cristiano? ¡Vive Dios, fiera, que te he de matar!
Ingunda	Si a Cristo coeterno adoro, ¿cómo matarme podrás?
Hermenegildo	¡Aguarda! ¿Qué es esto?
Ingunda	Un Dios sempiterno y celestial.
Voz	¡Verdad! ¡Verdad!

Fin de la primera jornada

Jornada segunda

(Sale por una puerta Bada, con acompañamiento, y por la otra Lísipa, de la misma manera.)

Uno	¡Plaza a la reina! ¡Parad!
Otro	¡Plaza a la reina! ¡Tened!
Lísipa	Al rey, que aguardo, avisad.
Bada	Si el rey me aguarda sabed.
Uno	Voy.
Otro	Voy.

(Vanse los dos.)

Bada	¡Levantad!
Excusada prevención.

Lísipa	La tuya es más excusada,
si es mía la posesión.

Bada	Hoy me has de ver coronada,
por justicia y por razón.

Lísipa	Calla, loca.

Bada	Tú lo estás.

Lísipa	¿Ansí a la reina te atreves?
¿Quién vio igual traición jamás?

Bada	Mi rigor haré que pruebes si en esas locuras das.
Lísipa	En coronándome, loca, pondré en tu cabeza el pie.
Bada	A mí el castigo me toca, y, en siendo reina, pondré el chapín sobre tu boca.
Lísipa	Estoy muy alta.
Bada	Yo estoy desmintiendo nubes bellas, que estrella del cielo soy.
Lísipa	Pues yo, despreciando estrellas, al Sol desprecios le doy.
Bada	¡Brava arrogancia!
Lísipa	Grandeza, dirás.
Bada	¡Bárbara! ¿Has sabido mi majestad y nobleza?
Lísipa	Y tú, loca, ¿has conocido mi poder y mi riqueza?
Bada	Desnúdate, si quedar no quieres necia y perdida.

Lísipa A mí me han de coronar,
y por no quedar corrida...

Bada Vete, vete a desnudar,
Mi ventura envidiarás
antes de una hora.

Lísipa Y tú ahora
envidia de mí tendrás.
El rey me estima y adora.

Bada A mí el rey me estima más.

Lísipa ¡Bravo error!

Bada ¡Locura extraña!

Lísipa Engáñate el parecer.

Bada A ti el corazón te engaña.

Lísipa Reina de España he de ser.

Bada Yo he de ser reina de España.

(Sale Hermenegildo.)

Hermenegildo Si estoy ya desengañado,
¿cómo estoy tan temeroso,
tan remiso y tan callado?
Si el que en Dios vive animoso
en El muere coronado,
si sé que esto es lo mejor,
¿cómo en tanto engaño vivo

	con respeto y con temor,
	y cómo ingrato y esquivo
	niego a Ingunda tanto amor?
	¿Cómo beldad tan amada
	temerario he perseguido,
	y cómo así, aprisionada,
	está, si soy buen marido,
	la más perfecta casada?
	Mas ya un ángel celestial,
	que de los dos ha nacido,
	podrá, en desventura tal,
	dando luz a mi sentido,
	darme nombre desleal.
Lísipa	Dadle a Lísipa dichosa la mano.
Bada	Dadle la mano a la que es tan venturosa.
Hermenegildo	¡Ay! Pues ya sé lo que gano, daré la mano a mi esposa.
Lísipa	Por mí lo ha dicho.
Bada	Por mí lo dice.
Lísipa	¡Locos antojos!
Bada	¡Temerario frenesí!
Lísipa	Ya le vi el alma en los ojos.

Bada	Yo en los labios se la vi.
Hermenegildo	¿Está firme esa villana en su loco proceder?
Lísipa	Ciega en su opinión romana, dice que ha de padecer por la religión cristiana.
Hermenegildo	¡Brava constancia!
Bada	Locura, dirás.
Lísipa	Beldad mal lograda.
Bada	Premio en su afrenta procura.
Hermenegildo	Pues hoy la veréis premiada, si en ella el premio asegura, que hoy al premio ha de salir la verdad de tanto yerro, y el engaño ha de morir, y a los malos con destierro Y prisión pienso oprimir. La religión verdadera en mi reino ha de quedar, y, a pesar de quien la altera, la verdad ha de triunfar aunque en su defensa muera. Traedrne aquesa mujer que pensaba serlo mía, que quiero su intento ver.

Lísipa	Yo voy.
Bada	Aguarda.
Lísipa	Desvía.
Hermenegildo	Las dos la podéis traer. Mi potestad, Bada hermosa y bella Lísipa, os doy en su prisión rigurosa.
Lísipa	Sin duda su esposa soy.
Bada	¡Oh! Soy sin duda su esposa.

(Vanse.)

Hermenegildo   Hoy, divina Ingunda, en vos
las estrellas ascendientes
se engañan, pues me dan vida
cuando al contrario prometen.
Mas no erró la astrología,
que si Hermenegildo muere
en su error, por vos en él
a obrar las estrellas vienen.
Por vos muero y por vos vivo
abrasado como el fénix,
burlando incendios sabeos
en holocaustos de nieve.
Por vos, Leandro, mi tío,
con razones evidentes
me ha dado luz de la luz,
que es Dios de Dios, en quien leen
alfa y omega las causas

                        por quien principio y fin tienen.
                        que están la muerte y la vida
                        de su alfabeto pendientes.
                        Quiero ver lo que me escribe.

(Lee.)   «Sobrino, cuanto pretendas saber de nuestra verdad, lo hallarás cifrado en este «Symbolum Sancti Atanasii quicumque vult salvus esse ante omnia opportet ut teneat catholicam fidem». Yo os miraré muy despacio. Pero ya mi Ingunda viene. Después le leeré, que agora ver quiero el Sol en su oriente.

(Salen Lísipa y Bada con Ingunda, de luto.)

Lísipa   Ya tienes la presa aquí.

Hermenegildo   (Púrpura hermosa parece
                        que en bacía de esmeralda,
                        formada del botón verde,
                        virgen y flamante sale
                        a ser del aire pebete.)
                        Ya vendrás desengañada,
                        viendo el imperio que pierdes,
                        de tu error.

Ingunda   Verdad tan alta
                        manda que imperios desprecie.
                        Un Dios sempiterno y solo,
                        que tres Personas contiene
                        la indivisa Trinidad,
                        no entendidas de la suerte
                        que Atrio y Nestorio lo afirman,
                        que estos dogmatistas mienten.

Lísipa   ¿Hay tal blasfemia?

Bada   ¿Hay tal yerro?

(Danle las dos una bofetada.)

Ingunda   Así mi paciencia vence.

Hermenegildo   Un Dios solo y tres Personas
en la Trinidad entiende
Arrio también; pero son
Padre y Hijo diferentes,
porque el Hijo no es del Padre
consubstancial al que tiene
esencia por sí.

Ingunda   Es error
de ese Leviatán serpiente,
que en los montes de Samaria
fuego vierte y rabia vierte.
¡Ah, monstruo de Europa y Asia.
Arrio, a quien decir pueden
con más propiedad a río,
donde pie las almas pierden!
Iguales el Hijo al Padre,
el cual en su eterna mente
sin madre lo engendra Verbo,
para que después se hiciese
hombre de madre sin padre,
que dos nacimientos tiene
el Hijo en tiempo, y sin él
antes que los siglos fuesen.
Uno el Dios palabra en Dios,
y otro en carne en un pesebre,

	quedando su Madre santa limpia siempre y virgen siempre.
Bada	¡Basta, bárbara cristiana!
Lísipa	¡Toma, para que te acuerdes de las locuras que dices!
Bada	¡Toma, por que no blasfemes!
(Danle.)	
Ingunda	Por la verdad que publico, gloria y no castigo es éste. Vosotras os ofendéis cuando pensáis ofenderme, que soy piedra.
Hermenegildo	Y yo lo soy, pues aquí no me enternece.
Ingunda	Dios, Hermenegildo ciego, te dio esposa en mí por suerte, por que la tuviese yo y por que tú la tuvieses, y, conociéndolo en mí, vinieses a conocerle. Y si por esta verdad, tirano, presa me tienes, no esperes de mí otra cosa ni otro propósito esperes. Dame la muerte, que en mí es triunfo inmortal la muerte.

Hermenegildo	Pues si es la muerte tu triunfo,
	¿cómo de esa suerte vienes,
	con tanta tristeza y luto,
	que el triunfador sale alegre?

Ingunda	Por la católica Iglesia
	es la tristeza presente;
	por ella es el luto. ¡Oh, santa
	ciudad! En trenos lamente
	tu nueva transmigración
	el Profeta.

Hermenegildo	Si pretendes
	triunfar, ya ha llegado el día,
	y, por que más lo celebres,
	hoy será la muerte tuya;
	muy bien puedes disponerte.
	Apercíbete.

Ingunda	Sí haré,
	y a triunfar volveré, alegre.
	Aguárdame un breve instante.

Hermenegildo	¿Vaste adornar?

Ingunda	Vestiréme
	de bodas; ricas sandalias
	me calzaré, por que piense
	Betulia que soy Judit,
	victoriosa de Holofernes.

Hermenegildo	Bueno está. Llevadla.

Lísipa	Loca,

	calla, que te desvaneces.
Bada	Darás la vida al cuchillo.
Ingunda	Será dichosa mi suerte.

(Llévanla las dos.)

Hermenegildo	¿Quién en tan divina ley

no se anima y no se ofende
a morir para vivir
y a reinar aunque no reine?
Perder el reino por Dios
es ganarle y no es perderle.
Hoy la corona de España
por la del cielo se trueque,
aunque mi padre se irrite
y mis imperios se alteren.
No ha de quedar arriano
que no persiga y destierre
desde el Alpe hasta los montes
de la Galia narbonense.
Y perdóneme mi padre
que, con tormentos crueles,
me manda que en toda España
vivo cristiano no deje,
que en tan agravada acción
es virtud no obedecerle.
Hoy la católica Iglesia
por mí en España comience,
para que a mi imitación
la amparen todos los reyes,
a quien católicos llamen,
blasón que vendrá en deberse

                            a Ingunda de Austria, por quien
                            vida Hermenegildo tiene.

(Sale Cardillo.)

Cardillo   La novedad que se aguarda
                            a todo el mundo suspende.

Hermenegildo   ¿Qué hacen los cristianos?

Cardillo   Lloran,
                            sin haber quien los consuele,
                            porque dicen que es para ellos
                            el aparato presente.

Hermenegildo   Y ¿qué hacen los arrianos?

Cardillo   Andan validos y alegres,
                            burlando a los afligidos,
                            y pues hoy promulgas leyes,
                            desterrando a los cristianos,
                            mil cosas impertinentes
                            y sobradas, es razón
                            que, con ellos, también eches
                            de España, por ser figura
                            que al mundo cansan y ofenden.
                            En éste el reino te pide
(Saca un memorial.)   que, corcovado, no dejes
                            en ella canalla inútil,
                            que no solo come y bebe
                            lo que siempre le hace falta,
                            sino que toda va siempre
                            apercibida de alforjas
                            donde permite que lleven

	las calabazas con vino,
	quesos, hogazas y nueces
	y otras zarandajas. Dime:
	¿hay acción en que aprovecha
	estas verrugas del mundo
	y de la tierra juanetes,
	o estas cepas animadas
	sino para que las quemen?
	Estos chinches barbadicos
	salgan de España, que hieden
	a ratones sin corcovas,
	por ser el nido en que duermen.
(Saca otro.)	Aquí, que ahorques los lindos
	te suplican las mujeres,
	con que se han encarecido
	espejos, untos y aceites.
	Manda que sean hombres todos
	o que, descaradamente,
	pasen de mujeres plaza,
	pues procuran ser mujeres.
(Saca otro.)	Aquí, las dueñas te piden
	que en todo el reino no queden
	escuderones Pannucios,
	santantones de retretes,
	padres del yermo en poblado
	que por un escudo venden
	la honestidad más templada
	y virtud más continente.
	judas del género humano,
	aunque de su misma especie,
	han nacido gentilhombres
	que su apellido desmienten.
	Estos son muletas vivas
	de un chapín de doce o trece,

de corcho, que por milagro
como tortugas se mueven.
Que es lo mismo que ir guiando
una carreta de bueyes
o un jumento cojo y flaco
por gran lodo cuando llueve.
¡Vive Dios, que éstos, señor,
un gran castigo merecen!
¡Que haya hombres que flema igual
sufren y no los entierren
vivos!

Hermenegildo   ¡Bueno vienes!

Cardillo   A éstos
haz, señor, que los condenen
a gentilhombres de postas,
por que corran y tropiecen.
Nada de los sastres digo,
que han dicho que han de coserme
a puñaladas, y ya
hasta los príncipes mienten.
Expulsa de los palacios
los buscones e insolentes
al infierno, por que en ellos
beba Belcebú con nieve.
No dejes médico a vida;
solo las mulas se queden
que en la facultad que tratan
lo mismo que ellos entienden.
A los reinos enemigos
los envías si ser quieres
dueño de sus monarquías,
que es enviarles la peste.

Destierra todo beato,
que éstos los pescuezos tuercen
en las calles, y en las casas
más que grullas los extienden.
Echa maridos piadosos,
aunque como uno reserves,
que yo en la corte conozco,
bastara para simiente.
Redímenos de habladores
y de necios finalmente,
arrogantes, presumidos,
cultos y, sabios encierre.
Estos y muchos que callo
pide España que destierres
con los cristianos, que ansí
paz y quietud nos prometen.

Hermenegildo   Y tú, ¿eres cristiano?

Cardillo   ¿Yo
tenía de ser cristiano?
Mil veces soy arriano;
arriano me engendró
mi padre y mi madre fue
hija de madre arriana;
arriana fue su hermana,
su tía, su suegra, y sé
por tradición verdadera
que mi abuelo y sus hermanos
fueron, señor, arrianos,
aun antes que Arrio naciera.
¿Yo cristiano había de ser?
No me lo osara decir
otro que tú sin morir.

Arriano me has de ver
mientras viviera, y mil años
después de muerto también,
que fue muy hombre de bien
Arrio, y en menores paños
yo, señor, le conocí,
niño, joven, hombre y viejo.
Fue gordo y barbibermejo
como un azafrán romí,
y calvo, aunque lo encubría
con un casquete entonado,
que siendo tan hombre honrado
estas tres faltas tenía.

Hermenegildo ¡Oh lisonja! ¡Monstruo vil,
que tantas almas condenas,
creciendo al infierno penas
llenas de ambición civil!
¡Lisonja de aduladores
que los palacios arruinan!
¡Más que a sus almas estiman
el gusto de los señores!
Si el ser malos los condena,
¿hay quien sus torpezas siga
y que, ambicioso, les diga
que el ser malo es cosa buena?
En lo justo y en lo injusto
hay quien siga su opinión,
y buenos y malos son
a medida de su gusto.
Al fin, cuanto en ellos ven
hay ambiciosos que aprueben
y así los príncipes deben
obrar bien y vivir bien.

(Sale Recaredo.)

Recaredo   A tu majestad esperan
                 los grandes y el pueblo.

Hermenegildo   Y ya,
                 Recaredo, echado está
                 el fallo.

Recaredo   Que antes salieran
                 los cristianos del imperio
                 acertado hubiera sido.

Hermenegildo   Remisiones he tenido.
                 No carece de misterio,
                 que aunque mi padre me estriba
                 fiero, enojado y sangriento,
                 que por qué sufro y consiento
                 cristianos mientras él viva,
                 y que los destierre luego
                 y los mate y los persiga,
                 ser tantos el caso obliga
                 a remisión y sosiego.
                 Pero ya resuelto estoy,
                 y hoy del imperio saldrán
                 los que engañados están.

Recaredo   Mil gracias, señor, te doy
                 por tan gloriosa sentencia.

Hermenegildo   Alza, que somos hermanos.

Voces (Dentro.) ¡Mueran! ¡Mueran los cristianos!

69

Primero	¡Misericordia!
Segundo	¡Clemencia!
Hermenegildo	¡Al corazón me han llegado estos últimos acentos!
Recaredo	Los arrianos, contentos, el pueblo han alborotado y a los cristianos persiguen.
Hermenegildo	Si están en mi amparo aquí, eso es perseguirme a mí. No es justo que los castiguen hasta promulgar la ley.
Voces (Dentro.)	¡Los viles cristianos mueran!
Hermenegildo	Entren los grandes que esperan y comenzaré a ser rey. Las insignias imperiales me poned. Hoy, que comienzo a ser monarca en España, mi majestad mostrar quiero.
Rodulfo	Viste la púrpura y ciñe la corona y lustra el cetro.
Hermenegildo	¡Oh ceremonias caducas! ¡Oh mortales embelecos! ¡Oh monarquías humanas! ¡Fácil sombra! ¡Breve sueño!

Recaredo	Sube al trono.
Hermenegildo	Dame, hermano, los brazos.
Recaredo	Señor, ¿qué es esto?
Hermenegildo	Quiero apartarme de ti, y, como ves, me estremezco.
Recaredo	¿Dónde te partes?
Hermenegildo	A ser rey, y subiendo yo al reino y tú bajando a vasallo nos apartamos muy lejos.
Recaredo	Pues ¿no eres rey?
Hermenegildo	No lo he sido, y hoy quiero empezar a serlo, a pesar de miedos viles que me han tenido suspenso, Recaredo, adiós, que subo al más soberano imperio.

(Sube a sentarse con música. Dale Recaredo la corona.)

Recaredo	Yo ya bajo y me levanto a esos pies, que adoro y beso.

(Llegan todos a besarle la mano.)

El capitán de la guarda

                         el acto comience.

Rodulfo   Pueblo,
                         vuestro señor soberano
                         y nuestro rey os ofrezco.
                         En cuanto aquí os propusiere
                         servidlo y obedecedlo;
                         si no el castigo os propongo
                         que resulta de no hacerlo.
                         Mirad que a esta sacra insignia
                         librado su poder tengo
                         y que con ésta castiga
                         como con ella da premio.
                         ¿Qué decís?

Recaredo   Que es nuestro rey
                         y que es justo obedecerlo.

Rodulfo   Vuestra majestad agora
                         proponga el glorioso intento.

Hermenegildo   Invencibles ostrogodos,
                         cuyos memorables hechos
                         en bronces son inmortales
                         y en mármoles son eternos.
                         Ya sabéis que por varón
                         de Atanarico desciendo,
                         deidad en quien Roma admira
                         la fortuna y el esfuerzo,
                         y que el magno Leovigildo,
                         mi padre, viviendo, ha hecho
                         de esta monarquía en mí
                         con particular acuerdo
                         renunciación. Esta, pues,

| | en paz, gobernar deseo
siguiendo la religión
que adoro y que reverencio.
Y ansí, pena de la vida,
por justa ley que establezco,
mando que de sus provincias
salgan desterrados luego... |
|---|---|
| Recaredo | ¡Oh miserables cristianos! |
| Hermenegildo | No digo que salgan ellos. |
| Recaredo | Pues ¿quién? |
| Hermenegildo | Los que de Arrio siguen
los bárbaros desconciertos. |
| Recaredo | ¿Qué dices? |
| Rodulfo | Señor, ¿qué dices? |
| Hermenegildo | Que los arrianos fieros
salgan de España. |
| Recaredo | ¡Señor,
mira lo que estás diciendo!
¿Los arrianos? |
| Hermenegildo | Y aun tú,
si a Cristo no haces coeterno
a la persona del Padre,
también has de hacer lo mesmo. |
| Cardillo | (¿Qué es esto?) |

Rodulfo   (¡Confuso estoy!)

Recaredo   (Pienso que ha perdido el seso.)

Hermenegildo   ¡Viva la Iglesia romana
                 y Arrio muera!

Voces   ¡Muera!

Hermenegildo   Versos
                 e himnos de tan gran victoria
                 sean lisonjas del viento.

Voces   «Te, Deum, te Deum, laudamus;
                 te, Domine, confitemur.»

Rodulfo   La novedad me ha dejado
                 confuso, absorto y suspenso.

Recaredo   ¿Qué esto, hermano? ¿Ansí infamas
                 los antecesores nuestros?
                 ¿Así a nuestro padre irritas
                 para que, airado y sangriento,
                 de la frente la corona
                 te quite?

Hermenegildo   Que estimo y precio
                 más ser cristiano que ser
                 dueño de España sin serlo
                 le dirás, y por que veas
                 lo poco que perder siento
                 la que tú adoras y estimas,
                 en mis pies la pongo, haciendo

                        en acto tan generoso
                        de ella tan alto desprecio.
                        Y dile que ansí la estimo.

(Echa la corona en el suelo.)

Cardillo   (Enojado está y resuelto.
                        Puntapié dio a la corona.
                        El humor seguirle quiero.
                        Y pues tras el tiempo voy,
                        yo quiero andar con el tiempo.
                        Arrio desde hoy me perdone.)

Hermenegildo   Vosotros, ¿qué decís desto?

Rodulfo   Que ha de seguir a su rey
                        dice Rodulfo Sisberto
                        hasta la muerte.

Hermenegildo   Jamás
                        yo me prometí lo menos
                        de tal amigo.

Rodulfo   Con esto
                        daros del orbe pretendo,
                        señor, la mayor corona
                        hasta morir.

Hermenegildo   Yo lo creo.

Teosindo   Nosotros morir contigo
                        también, gran señor, queremos.
                        Cristianos somos.

Cardillo   Y yo
          lo soy también, y lo fueron
          mis padres, yernos y tíos,
          abuelos y bisabuelos,
          y con no serlo jamás
          también lo fueron mis suegros.
          Luego, señor, que a Arrio vi
          tan gordo, calvo y bermejo,
          dije: «Para ser muy malo
          solo os faltaba ser tuerto.»
          Talle de grande bellaco
          tenía, zurdo, en efecto;
          con barbas de rejalgar
          y cabeza de mochuelo.

Hermenegildo   ¿No eres arriano agora?

Cardillo   ¿Yo arriano, y más sabiendo
          que en Arrio, señor, hallaron
          su origen los arrieros?
          ¡No lo osara decir
          otro en el mundo!

Hermenegildo   ¿Tan presto
          te convertiste?

Cardillo   Señor,
          esto es andar con el tiempo.
          Si mañana eres gentil,
          lo seré, y si maniqueo,
          también, y si curdo, curdo,
          que en mí gusto ni ley tengo.
          Tu opinión quiero seguir
          por ser el bufón primero

                        que es cristiano.

Recaredo   (¡Quién pensara
                        tan miserable suceso!)

(Sale Ingunda, bizarra, y las dos con ella.)

Ingunda   Ya tan alegre y bizarra
                        por mi fe a morir vengo.
                        Vengo al triunfo.

Recaredo   Por cristiana,
                        hermosa Ingunda, te pierdo.
                        Desdichado fue mi amor,
                        pues dijo verdad mintiendo.

Lísipa   Ahora me da su mano.

Bada   Ahora me da su pecho.

Hermenegildo   Si por el triunfo venía,
                        con mis brazos os espero,
                        que en ellos el triunfo está.
                        Ya soy cristiano; ya puedo,
                        divina esposa, abrazaros.
                        Llegad.

Ingunda   ¿Es cierto?

Hermenegildo   Y tan cierto
                        que los arrianos todos
                        por vos de España destierro.
                        Ya vive en mí Cristo y ya
                        mi ceguedad aborrezco.

Ingunda	Pues siendo ansí, con la mano la vida y alma os ofrezco.
Bada	(¡Cómo! ¡Qué corrida estoy!)
Lísipa	(¡Pues cómo corrida quedo!)
Cardillo	(Tripuladas han quedado como cartas de mal juego.)
Rodulfo	Ya los cristianos gloriosos te aguardan.
Hermenegildo	Guiad al templo, donde a Dios demos las gracias de la redención que os debo. Al trono de Salomón salid de la cárcel; premio que hoy gana vuestra virtud, bello serafín del cielo.
Ingunda	Mujeres fieras, ingratas, de vosotras no me vengo, que no pareceros que es infamia en mí el pareceros, y porque mi esposo en Cristo no me da lugar a esto.
Voces	¡Viva Cristo y viva Roma!
Ingunda	¡Qué bien suenan estos ecos!
Hermenegildo	Vamos, nueva Ester de España.

Ingunda	Venid, católico Asuero. ¡Viva el rey! «Te, Deum, laudamus; te, Domine, confitemur.»

(Vanse. Tocan música. Quedan las dos y Recaredo.)

Lísipa	¡Buenas habemos quedado!
Bada	¡Esto es mentira!
Lísipa	¡Esto es sueño!
Recaredo	¡Mentira es soñada, que hoy la estoy soñando despierto!
Lísipa	Hechizos de Ingunda han sido.
Recaredo	A España alterar pretendo contando a mi padre el caso.
Bada	Padre y amor perturbemos.
Lísipa	¡Muera el fiero Hermenegildo y viva el rey Recaredo!
Recaredo	Ya vuestras voces me incitan para un temerario intento.

(Vanse. Salen Leovigildo, Américo y Ofrido.)

Leovigildo	¡Dejadme!

Américo	¡Señor!
Leovigildo	Ya es cierto mi mal. ¡Oh fiero homicida!
Ofrido	Que es sueño, señor, te advierto.
Leovigildo	¿Para qué quiero la vida si Hermenegildo es muerto? Marche apriesa mi escuadrón a Sevilla.
Américo	Acreditar el sueño es superstición.
Leovigildo	Los presagios del pesar profetas del alma son.
Ormindo	¿Qué fue el sueño?
Leovigildo	Una ave vi que circos sobre él hacía, y ésta...
Américo	Prosigue.
Leovigildo	¡Ay de mí! Un aviso me traía en el pico del rubí. Más un águila cruel se la quitó de repente, y arrojándola sobre él, bañando en rubí su frente, dio a España un segundo Abel.

| | Muerto en mis brazos cayó
la mitad del alma mía,
quedando sin alma yo,
y la sangre que vertía,
como veis, me despertó. |
|---|---|
| Américo | El sueño es una aprensión
del ánimo en sombras feas,
como lo dice Platón,
que el alma siente en ideas
viva la imaginación.
Quién sueña risa, quién lloro,
quién encima un monte trae,
quién que ya le alcanza un toro,
quien que en un abismo cae,
quién que ha hallado un tesoro. |
| Leovigildo | Temo a Ingunda. Esto me altera. |
| Américo | ¿Ingunda qué puede hacer?
Manda tú que luego muera. |
| Leovigildo | Es mujer. |
| Ofrido | Por ser mujer
templar su temor pudiera. |
| Américo | Y con quince mil arrianos
cerca de Sevilla está,
donde, sin presagios vanos,
a Hermenegildo hallará
atropellando cristianos,
que quien a Ingunda prendió
por darte gusto y por ser |

	cristiana, a entender te dio
el rigor que ha de tener
con ellos.
Leovigildo	Temiendo yo,
que son muchos de esta suerte,
bajo a Sevilla a amparalle.
Ofrido	La imaginación divierte,
pues abril en esta calle
ramos y pensiles vierte,
donde esta aldea con ramos
suple la tapicería.
Voces	¿Qué hacemos que no cantamos?
Leovigildo	Esta rústica armonía
en la corte celebramos;
pero no lleguen aquí;
basta oírlos.
Américo	Y cantarán
como lo ordenes ansí.
Ofrido	(¡Triste está!)
Américo	(¡Tal pensión dan
los imperios!)
Leovigildo	¡Ay de mí!
Voces (Cantan.)	¿Quién pasa? ¿Quién pasa?
El rey, que va a caza
de cristianos fieros.

                        Con victoria vuelva de ellos.

(Suenan cajas.)

Leovigildo   ¡Hola! ¿Está loca esta gente?
                        Decid que está impertinente.

Ofrido   Serán fiestas peregrinas.

Leovigildo   Cajas roncas y sordinas
                        quitan el gozo presente.

(Tornan a sonar las cajas. Sale Recaredo.)

Ofrido   Mostrando grande dolor
                        viene el príncipe.

Leovigildo   Ello es cierto.
                        Hijo, ¿qué es esto?

Recaredo   ¡Señor!

Leovigildo   ¿Es mi Hermenegildo muerto?

Recaredo   Mayor es el mal.

Leovigildo   ¿Mayor?
                        ¿Mayor que morir tu hermano?

Recaredo   Mayor.

Leovigildo   ¿Movió el interés
                        del imperio algún tirano?

Recaredo	Más mal hay.
Leovigildo	¿Más?
Recaredo	Sí.
Leovigildo	¿Cuál es?
Recaredo	Que Hermenegildo es cristiano.
Leovigildo	¿Cristiano?
Recaredo	Cristiano.
Leovigildo	¡Bien el pesar me encareciste, pues serlo es morir también! Mayor mal es, bien dijiste. Mas dime cómo y por quién.
Recaredo	Por Ingunda.
Leovigildo	¡Loco estoy!
Recaredo	Con la multitud que ves me ha desterrado.
Leovigildo	¿Yo soy Leovigildo? ¿Yo a mis pies a España postrando estoy? ¿Yo soy brazo poderoso de la ley que profesaron Atanarico glorioso y cuantos le derribaron

			de su trono generoso?
			No es posible, pues no muero
			viendo sacrilegio igual.
			¿Qué me detengo? ¿Qué espero?
			De mi estandarte imperial
			tiemble Hermenegildo fiero.
			Saturno tengo de ser,
			comiéndomele a pedazos,
			y a esa bárbara mujer,
			en su lecho y en sus brazos,
			átomos he de volver.
			Luego a Sevilla marchad,
			que he de quitarle a ese ingrato
			la vida y la majestad.
			¡Romped en él mi retrato
			y mi espejo en él quebrad!
			¡Muera el que su ley negó
			y mis imperios altera!

Recaredo		(Ya mi venganza llegó.)
			¡Muera Hermenegildo! ¡Muera!

Leovigildo		Y muera el que lo engendró.

(Vanse. Salgan los que pudieren de bautismo; los reyes Rodulfo, Teosindo, Ormindo y Cardillo.)

Rodulfo			Ya de la confirmación
			el príncipe el grado goza,
			usando Leandro en él
			las romanas ceremonias.
			Los años viva del ave
			que entre cadenas y aromas
			espíritu de sus brazos

                    púrpura y edad remoza.
                    Logren vuestras majestades
                    el ángel en quien Dios copia
                    sus virtudes, prendas ricas
                    que a los príncipes adornan.

Ormindo   Singular su vida sea;
                    su hermosura, venturosa,
                    y el mundo a su majestad
                    sea monarquía angosta.

Cardillo   ¡Viva el príncipe cien años!
                    Que lo demás son congojas,
                    corrimientos, reumas, tos,
                    hipocondría y la gota;
                    boca rapada a navaja,
                    que no puede si se enoja
                    mostrarle al contrario dientes,
                    aunque el marfil se los ponga;
                    donde es dura una papilla
                    y una breva es rigurosa
                    y donde jurisdicción
                    tienen solo vino y sopas.
                    Con olas impertinentes
                    jamás sea mar su boca,
                    que hay tonto que a su familia
                    tiene anegada en sus olas.
                    Donde a todos jamás pida,
                    que ésa es la grandeza propia,
                    sin imitar en lo triste
                    a los príncipes de ahora.
                    Que habiéndolos Dios criado
                    para dar, tienen las bolsas
                    de cal y canto, y tan fuertes

	que aun no vuelven lo que toman.
	Ya siembra Dios sobre ellos
	plagas de halcones y postas,
	podencos, sabuesos, galgos,
	bufones, enanos, monas,
	dueñas y otras sabandijas
	que son de su hacienda zorras:
	perseguidores crueles
	que enriquecen a su costa.
	Premie ingenios, honre versos,
	no de tortugas sin cola,
	que éstas redondillas hacen
	tan duras como sus conchas.
	Reforme la doñería,
	que es la vergüenza tan poca
	en España, ya que en ella
	tienen dones las corcovas.
Hermenegildo	Aunque eres frío, por esto premio has merecido; toma.
Cardillo	Tienes gusto, al fin, de rey, pues bebes con cantimplora.
Hermenegildo	¿Dónde se quedó mi tío?
Teosindo	Como las cosas reforma de su iglesia, le llamaron obligaciones forzosas.
Rodulfo	Que perdonaras nos dijo.
Hermenegildo	Es justo que se anteponga la gloria de Dios, Rodulfo,

	siempre a las humanas glorias.
Ormindo	Con él Fulgencio quedaron y Lisauro.
Hermenegildo	El uno sobra para ser luz de la Iglesia y ser de mi imperio antorcha. ¿Y Isidro?
Teosindo	No estaba allí.
Hermenegildo	¿Ahora lágrimas, señora? ¿Qué es esto? Mas si sois alba, en cuyos brazos se asoma el Sol que ilumina a España. ¿Será su risa ese aljófar?
Ingunda	Enternézcome de ver al príncipe, temerosa de mi suerte. ¡Ay, prenda mía!
Hermenegildo	Eso es turbar nuestras glorias. Dadle, Rodulfo, a mi tía Florentina.
Ingunda	Que me roba el alma parece.
Hermenegildo	Fiadle de los brazos que le logran, que ellos mirarán por él como vos.

(Toma el niño Rodulfo.)

Rodulfo   Y más, si importa.

Ingunda   ¡Miradlo!

Hermenegildo   Dios te bendiga
y te dé en paz generosa
con los soberbios y humildes
justicia y misericordia;
a arrianos y rebeldes
católico espanto pongas
de ejemplo con tus virtudes.
Como las llaves de Roma,
abran las puertas del mundo
tus águilas vencedoras.
Llevadle.

Ingunda   Dejad que imprima
en su mejilla otra rosa.
¡Ay Leovigildo!

Hermenegildo   Ya basta.
Llevadlo.

Ingunda   Hice memoria,
en su nombre, de su abuelo.

Hermenegildo   ¡Ah! ¿Leovigildo se nombra?

Ingunda   El mayor contrario es suyo.

Hermenegildo   Antes por él, si está ahora
con nosotros enojado,

      y dicen que no perdona,
      con quince mil arrianos,
      cristianos de cuantos topa,
      ha de perdonarnos, siendo
      cristal de su furia loca,
      pues viéndose en un espejo
      el más cruel se reporta,
      cuanto más que al ronco son
      de mis cajas y mis trompas
      veinte mil hombres limitan
      y son cristianos, que sobran
      para atropellar tiranos
      que a Dios y a su Iglesia enojan.
      ¡Viva mi Ingunda con vos,
      juzgando instantes las horas
      en dulce paz, que no quiero
      de la fortuna otra cosa!

Voces (Dentro.)   ¡Arma, arma!

(Sale Rodulfo.)

Rodulfo   Gran señor,
      tu padre los muros postra
      de la ciudad, repitiendo
      unos ¡Arrio!, otros ¡Victoria!

Ingunda   ¿Qué dices?

Rodulfo   Que la defensa
      o la prisión son forzosas.
      Sal a que el pueblo te vea,
      pues te adora, estima y honra,
      y, para animarle más,

	ciñe la sacra corona.
Ingunda	Hoy la constancia y la fe, dulce Hermenegildo, importa. La honra de Dios defiendes, y Él volverá por su honra.
Hermenegildo	Al príncipe os encomiendo; guardadle, y adiós, esposa.
Ingunda	Si yo voy a vuestro lado, morir por la fe me toca. Mire Rodulfo por él.
Hermenegildo	¡Godos valientes, agora habéis de mostrar quién sois!
Teosindo	Quién somos no nos propongas para morir por la Iglesia y por la Patria y la honra.
Hermenegildo	¡Al arma! ¡Viva la Iglesia!
Ingunda	¡Viva triunfante y gloriosa Jerusalén, y en su espanto se confunda Babilonia!

(Vanse. Tocan arma. Salen Leovigildo, Recaredo, Américo y Ofrido con las espadas desnudas.)

Recaredo	Ya te obedecen los muros, postrando a tus pies sus frentes.
Leovigildo	Pues, arrianos valientes,

	¡no haya cristianos seguros!
Recaredo	Los que son diamantes duros serán sangrientos granates.
Américo	La victoria no dilates, que en verte, señor, estriba.
Uno (Dentro.)	¡Viva España!
Otro	¡Roma viva!
Leovigildo	¡Qué donosos disparates! ¡Roma en España! Embestid a estos bárbaros romanos.
Recaredo	¡Mueran los viles cristianos!
Leovigildo	Y que Atrio viva, decid. De roja sangre teñid las calles, por que mis pies usen púrpura después. ¡Ea, pues, nación gloriosa, ya la venganza es forzosa, que el triunfo de todos es! Hoy, Recaredo, te espera de España la posesión.
Recaredo	¡Viva nuestra religión! ¡Muera Hermenegildo!
Todos	¡Muera! ¡Arma!

(Entranse. Suena batalla dentro. Queda Leovigildo.)

Hermenegildo   La batalla fiera
se ha comenzado valiente.
Hallarme quiero presente,
que es en ocasión igual
la vista del general
espíritu de su gente.
Arrio, ¡victoria, victoria!

(Vase. Sale Hermenegildo.)

Hermenegildo   Volved, cristianos soldados,
no pierda, por mis pecados,
yo el premio y Dios la gloria.
El pecho, por su memoria,
volved al contrario, amigos,
pues son los cielos testigos
que, cuando inmortal triunfó,
aun después de muerto dio
el pecho a sus enemigos.
El río pasan huyendo,
muriendo más gente en él
que en el combate cruel
ni en el militar estruendo.

Voces (Dentro.)   ¡Victoria!

Hermenegildo   Vivir muriendo
será aquí el triunfo mayor.
Este es cristiano valor.

(Sale Recaredo.)

Recaredo	¿Ansí la espada me das? ¿Dónde, Hermenegildo, estás?
Hermenegildo	Aquí estoy.
Recaredo	Rey y señor...
Hermenegildo	No soy rey; el que llamaste soy, que aguardándote estoy; llega, que cristiano soy, si por serlo me buscaste. Si de los godos triunfaste, aquí, por gloriosos modos, te aguardan todos los godos, que, aunque espaldas te mostraron en mí su pecho dejaron para dar pecho por todos. ¡Pelea!
Recaredo	No haré.
Hermenegildo	¿Por qué?
Recaredo	Porque hay deidad que me incline; que a un tirano a buscar vine y a un rey y a un hermano hallé. En tu ausencia te busqué como a rebelde y tirano; mas viéndote aquí, me allano, dándote, por justa ley, las rodillas como a rey y la espalda como a hermano.
Hermenegildo	Oye, vuelve.

Recaredo	El no volver
es la mayor valentía,
que con la espada este día
te quiero, hermano, vencer.
Porque en llegándote a ver
me infundes respeto tanto,
que de mirarte me espanto.
Y así, no vuelvo a mirarte
aquí, por no venerarte
por rey y honrarte por santo.

(Vase.)

Hermenegildo	Si es vida la muerte en mí,
¿qué aguardo?, ¿qué me detengo?
¿Cómo a mi Iglesia no vengo
muriendo y matando aquí?

(Entran Ormindo y Teosindo.)

Ormindo	Camina.
Teosindo	El rey está allí.
Ormindo	¿Qué importa?
Hermenegildo	Aguardad.
Teosindo	Ya es tarde.
Hermenegildo	¿Huís?
Ormindo	Mostrarse cobarde

95

	con Dios el hombre es razón, porque de su indignación no hay sagrado en que se guarde.
Teosindo	Contigo indignado está, porque la verdad negaste de tus padres, y buscaste ley que tal pago te da. Arrianos somos ya, que Arrio aquí a entender nos dio, pues con tan pocos venció, que es su opinión la verdad y la tuya falsedad.
Ormindo	Esto mismo digo yo.
Hermenegildo	Aguarda.
Teosindo	Roma te ampare, que arrianos somos los dos.

(Vanse.)

Hermenegildo	Todo falte, como Dios aquí no me desampare.

(Sale Rodulfo con el niño.)

Rodulfo	Ya no hay cosa en que repare, ¿por qué seguir ese error? ¡Ah, Hermenegildo! ¡Ah, señor! Tu padre, por que te asombres, triunfa con quince mil hombres del imperio y de tu honor.

                    Y pues treinta mil y más
                    quince mil han contrastado,
                    es cierto estar engañado.
                    Y pues engañado estás,
                    así no pretendo más
                    seguir tu opinión, y así
                    te doy el príncipe aquí,
                    que cuando hago esta mudanza
                    te pago la confianza
                    que en él hiciste de mí.
                    Tú le ampara y tú le cría,
                    pues hoy perdernos quisiste;
                    que la insignia que me diste
                    te la volveré otro día.

Hermenegildo
(Toma el niño.)   De ti quejarse podría,
                    Rodulfo, nuestra amistad;
                    para la necesidad
                    son los amigos.

Rodulfo   Señor,
                    perdona que de tu error
                    me vuelva a vuestra verdad.
                    Roto queda tu escuadrón
                    y en ese río anegado,
                    y los que se han escapado
                    pocos y míseros son.
                    Vuélvete a tu religión.
                    Serás rey.

Hermenegildo   Vete, villano;
                    que más quiero ser cristiano
                    que rey sin sello, pues hoy

                    lo que aquí perdiendo estoy
                    en nuevo imperio lo gano.

(Vase Rodulfo y sale Cardillo.)

Cardillo   Pues que no se alcanza premio
                    por seguir la fe de Cristo,
                    de ser cristiano desisto
                    y ser moro o ser bohemio.
                    Y vuelto al arriano gremio,
                    vengo a renunciar aquí
                    la cristianería en ti,
                    porque en la bufonería
                    de hambre, señor, moriría
                    todo el tiempo que lo fui.
                    Que si esto es viva quien vence,
                    Arrio es el que vence agora.

(Vase.)

Hermenegildo   ¡Oh, canalla adulador!
                    Vuestra infamia os avergüence.
                    Aquí mi triunfo comience
                    quedando en Dios victorioso.

(Sale Ingunda.)

Ingunda   ¡Dulce esposo! ¡Amado esposo!

Hermenegildo   De todos desamparado,
                    aquí vuestro esposo amado
                    aguarda el príncipe hermoso,
                    que solo en mi compañía
                    ángel ha querido ser,

	y no ha sentido el perder,
	por ver que no lo perdía,
	la española Monarquía.
	Sombra ha sido y sueño ha sido.
Ingunda	¡Vos triste, vos afligido
	con los regalos de Dios!
Hermenegildo	Teniéndoos, mi Ingunda, a vos,
	me he ganado y no he perdido.
	Pero ¿qué habemos de hacer?
Ingunda	Pasar el río y juntar
	nuestra gente y restaurar
	la majestad y el poder.
Hermenegildo	Cosa imposible ha de ser,
	porque lo tiene cercado
	mi padre.
Ingunda	El Jordán sagrado
	respetó al pueblo de Dios;
	lo mismo hará con los dos
	el cristal precipitado.
Hermenegildo	No soy Josué ni llevo
	el Arca de Dios conmigo.
Ingunda	Llevas este ángel contigo.
Hermenegildo	A él la vitoria le debo.
	Pero... ¡qué alado mancebo
	nubes desgaja!

Ingunda   Al temor
                    con soberano favor
                    Dios este auxilio previene.

(Cantan.)

Músico   «¡Bendito sea el que viene
                    en el nombre del Señor!»

(Aparece un Ángel arrodillado en una cruz.)

Ángel   Aunque obediente el cristal
                    limpio pasadizo os diera,
                    Dios me manda que os sirviera.
                    Ansí en aquesta señal
                    pasad el triunfo inmortal
                    atropellando el temor.

Hermenegildo   ¿Quién en vos no es vencedor?

Ingunda   ¿Quién en vos laurel no tiene?

(Cantan.)

Músico   «¡Bendito sea el que viene
                    en el nombre del Señor!»

Ángel   En este árbol glorioso,
                    cuya figura excelente
                    en el desierto Moisés
                    la general redención
                    obró del género humano,
                    piadoso y benigno Dios,
                    y en él ahora ha querido

	libraros de Faraón, pasad el raudal furioso.
Hermenegildo	La fe llevo por timón.
Ingunda	Por blasón llevo la fe, ángel, buen piloto en vos.

(Pónense en la tramoya. Da vuelta y desaparecen, y si no, arrimados al Ángel, se cierra la cortina.)

Fin de la segunda jornada

Jornada tercera

(Salen Ingunda y Hermenegildo.)

Hermenegildo   ¡Soldados! ¡Amigos!

Ingunda   Basta.
              No des voces.

Hermenegildo   Es cansarme.

Ingunda   Que aun el río en roncos ecos
              no nos responde en su margen.

Hermenegildo ¡Todos me han desamparado!
              ¡Todo ha venido a faltarme
              en el reino!

Ingunda   Todo os sobra,
              señor, como Dios no os falte.
              Suyas son las monarquías,
              suyos los imperios grandes,
              porque El es solo a quien tiemblan
              coronas y majestades.

Hermenegildo Todo lo conozco, y sé
              que podrá, eterno y triunfante,
              darme la mayor corona,
              aunque ésta ahora me falte.

Ingunda   Cuando portentosamente
              nos pasó a esta parte el ángel,
              te dijo que la traía
              para que en ella triunfases.

	Y ansí, no te desconsueles,
	que es imposible que falte
	su palabra.
Hermenegildo	Faltarán
	abismos y cielos antes.
Ingunda	Vuelve a dar voces.
Hermenegildo	Sí haré.
Ingunda	Quizá en tantos estandartes
	que se han retirado aquí
	habrá alguno que te ampare.
Hermenegildo	¡Españoles invencibles!
	¡Godos valientes! ¿No hay nadie
	que a su natural señor
	favorezca en este trance?
	Volved a embestir valientes,
	si os retirasteis cobardes,
	que los atrevidos tienen
	la fortuna de su parte.
	¿No hay quien oiga a Hermenegildo?
	De treinta mil que ayer tarde
	por señor me obedecían,
	¿no hay un cristiano constante?
Ingunda	Por ambición o por miedo,
	todos siguen a tu padre.
Hermenegildo	Pues ¿qué haremos?
Ingunda	Dulce esposo,

| | de este peligro escaparte,
y convocar nuestras gentes;
que, como a los reinos pases
de mi hermano, volverás
con Austria, Borgoña y Flandes
a restaurar tus imperios. |

| Hermenegildo | En aflicción tan notable
imposible me parece. |

(Entra Américo, Rodulfo, Teosindo, Ofrido y Ormindo.)

| Teosindo | Si se resiste, matadle. |

| Hermenegildo | ¡Ay de mí, perdidos somos! |

| Ingunda | Ya, esposo, al triunfo llegaste. |

| Hermenegildo | ¡Villanos! ¿A vuestro rey? |

| Ingunda | ¿A vuestro rey? ¡Desleales! |

| Hermenegildo | ¿A vuestro rey...? |

(Salen Leovigildo, Recaredo, Cardillo y los que pudieren.)

| Leovigildo | No hay más rey,
¡bárbaro!, que yo. ¡Quitadle
las armas! |

| Hermenegildo | Para ser preso
no importa que me desarmen.
Pero ya a tus pies estoy. |

Leovigildo   Por que más no te levantes,
               yo los pondré en tu cabeza.

Hermenegildo   Padre eres.

Leovigildo   Llámame alarbe,
               llámame monstruo sangriento
               de los que habitan el Ganges.

Ingunda   También a tus pies se postran
               tu nuera y tu nieto.

Leovigildo   Espante
               hoy mi castigo a la tierra.
               De los tres no ha de quedarme
               vivo ninguno.

Hermenegildo   Aquí estamos.

Leovigildo   ¡Que se me ponga delante
               esta enemiga, esta fiera
               ocasión de tantos males!
               ¡Haréla pedazos!

Hermenegildo   ¡Muera,
               como tú la despedaces!

Leovigildo   ¿Parécete, loco, bien
               haber turbado las paces
               de España con tus locuras
               y mentidos disparates?
               Si es verdad lo que profesas,
               ¿cómo tan poco te vale?

| Hermenegildo | Porque en el mundo jamás
se premiaron las verdades.
En el cielo está su premio
y de él es bien que se guarde,
no del mundo, que acredita
mentiras y falsedades. |

| Leovigildo | Luego ¿es verdad la que sigues? |

| Hermenegildo | Y tan verdad, que salvarse
ninguno sin ella puede. |

| Leovigildo | ¡Calla, villano! |

| Hermenegildo | ¿Que calle
unas verdades tan sabias,
cuando en alterno las aves
se las cantan a la aurora
en versos que Dios les hace?
Es armonía de esferas,
donde, por modo inefable,
órdenes las zonas son
y son las estrellas trastes;
instrumentos en que siempre
canta esta verdad el aire,
formando en plantas y en flores
acromáticos compases.
En su hermosa poesía
también la escriben los mares,
buscando por los escollos
cristalinos consonantes.
Y, al fin, el orbe que ves
compuesto por cuatro partes
es un divino cuarteto

	en que los hombres la canten.
Leovigildo	Y tú eres un loco, pues
esas mentiras te traen
a las desdichas presentes.
Hermenegildo	Triunfo es. Su nombre no infames.
Leovigildo	Pues a morir te apercibe
o a confesar que, ignorante,
seguiste tu vano error
y nuestra verdad dejaste.
No te fijes en que soy
tu padre, que amor que sabe
disculpar jóvenes yertos,
nunca delitos iguales.
Nuestra antigua religión,
sacrílego, profanaste,
y será, si a ella no vuelves,
imposible perdonarte.
La opinión que de Arrio y Grecia
a Roma oponías antes,
vuelve a admitir; no permitas
que así esta mujer te agravie
y que, como la temías,
aquí la muerte te cause.
Hazlo y volverás al reino.
Hermenegildo	¿Yo había de condenarme
por cosa que apenas es
sombra leve y vidrio frágil?
Sin mi católica fe
todo el reino es inconstante,
todo es embeleco y sueño.

Leovigildo	¡Basta, loco, aleve, baste! Hoy perderás con la vida la corona.
Hermenegildo	Sus esmaltes mi fe trocará en estrellas con que mi esperanza ensalce.
Leovigildo (Pónele la corona.)	Tú esta verdad, Recaredo prudente, significaste cuando en tu frente traías la corona para honrarle. Y ansí, ahora de la suya a la tuya se traslade, por que ganes lo que él pierde y el reino y mi gracia ganes.
Hermenegildo	Plato mi cabeza ha sido que a mi hermano se la trae.
Leovigildo	Tu rey dirás.
Hermenegildo	Mi rey digo.
Leovigildo	Llega, bárbaro, a besarle la mano.
Hermenegildo	Goces, señor, desmintiendo eternidades, la corona, que en tu frente es Sol con que al mundo abrases. A ti te viene nacida, si a mí me venía grande.

                    Mas no es mucho, si hizo el Cielo
                    que para ti se cortase.
                    La Monarquía española
                    vale, su precio es notable;
                    pero advierte que sin fe
                    pesa mucho y nada vale.

Leovigildo   En una torre del muro
                    les dad miserable cárcel,
                    donde, pena de la vida,
                    ninguno les vea ni hable.
                    Afligidos, con cadenas
                    y cien soldados los guarden,
                    Argos del mundo, de quien
                    los átomos no se escapen.

Recaredo   Bien merece igual castigo
                    el que imperio semejante
                    pierde por casos inciertos,
                    medroso de condenarse.

Cardillo   Vuelve a tus reinos y pide
                    que la conciencia te ensanchen
                    los que calidad y hacienda
                    adquieren por modo infame.
                    Consuélente los fulleros
                    que con la espada, sin naipe,
                    dejan a un hombre sin vida
                    y a un santo dejan en carnes.
                    Si todos el fin temieran,
                    ya estuvieran las ciudades
                    despobladas, porque en ellas
                    solo los engaños valen.

Leovigildo	Todo ha de faltarte hoy.
Hermenegildo	Como Ingunda no me falte con mi hijo, todo aquí con los dos viene a sobrarme. Todos los bienes que tengo llevo conmigo. Llamadme filósofo de la fe.
Leovigildo	De los brazos de la madre, Rodulfo, el hijo le quita por que el corazón le falte.
Hermenegildo	Tú habías de ser, Rodulfo, el que había de robarme el alma; siempre de ti temí crueldad semejante.
Leovigildo	Llevadle y matadle.
Hermenegildo	A mí, bárbaros, podéis matarme. Dejad el ángel.
Leovigildo	El Cielo jerarquías le dé al ángel.
Hermenegildo	Es de nuestra guarda.
Leovigildo	Ansí no tendréis ángel que os guarde.
Ingunda	Si te endurece el rigor, tu mesmo nombre te ablande.

                        Leovigildo es como tú.
                        Mírate en tu misma imagen
                        y verás que a ti te ofendes
                        en tu nieto.

Leovigildo   ¡Calla, infame!
                        ¿Mi nieto había de ser
                        un vil aborto de un áspid?
                        Pedazos le pienso hacer
                        yo también

Hermenegildo   No maltrates
                        la prenda que tú me diste
                        y que por suerte me cabe,
                        ni a tu nieto.

Leovigildo   Si es mi nieto,
                        yo derramaré la sangre
                        que de esta enemiga tiene;
                        y por que te desengañes,
                        ha de morir, si no dejas
                        ese error.

Hermenegildo   No me amenaces
                        ni asombres.

Leovigildo   Por tus locuras
                        morirá.

Hermenegildo   Pues no dilates
                        la ejecución; muera luego,
                        que no hay rigor que me espante.
                        Y si te falta instrumento,
                        sacaré la daga, y dale,

	ejecuta tu rigor,
	toma para que le mates.
Lísipa	¿Qué más hiciera una fiera?
Bada	¿Fuera más cruel un áspid?
	Y ¿qué más hiciera un loco?,
	que este nombre puede darle
	el que por casos inciertos
	hace desatinos tales.
Leovigildo	Llevadle.
Ingunda	Deja, Rodulfo,
	que le bese y que le abrace
	por despedida.
Rodulfo	No puedo.
Hermenegildo	¡Que en aflicción semejante
	ansí, Rodulfo, me niegas!
Rodulfo	Tú estas afrentas buscaste.
	Tuya es la culpa, y ansí
	es bien que la pena pagues.
Teosindo	Vamos.
Hermenegildo	¿Tú presos nos llevas?
Teosindo	Soy vasallo, y no te espante.
Hermenegildo	¿Y tú, Ormindo?

Ormindo	A mi rey sirvo,
Hermenegildo	Pues servidle y contentadle, que las lisonjas caminan al son que el tiempo les hace, Ya, hermano, tu frente ciñe la que tanto deseaste. Mil años feliz la goces y Dios mil años te guarde.
Recaredo	Tú la perdiste por loco para que yo la gozase, y pues tú la culpa tienes, no te quejes ni te espantes.

(Llévanlos Teosindo y Ormindo.)

Leovigildo	Enternecido quedo que, en efecto, soy padre, Recaredo.
Recaredo	Pues sus yertos perdona, que yo pondré a sus plantas la corona.
Leovigildo	Por la parte que tengo de padre, estas ternezas le prevengo; mas por la parte ahora de nuestra religión, que España adora, me importa ser severo, y así el delito en él castigar quiero, dando de religioso ejemplo al mundo por varón glorioso, en que el pueblo romano de nuevo admire otro español Trajano. Como padre lo quiero

| | y como rey lo oprimo justiciero.
De sus engaños ciegos
saldrá con amenazas y con ruegos
o con fieros castigos.
Trazas buscad en reducirle, amigos. |
|---|---|
| Lísipa | Reducirle no esperes,
mientras presa con él a Ingunda vieres.
Quítala de sus ojos,
y olvidará tan bárbaros antojos. |
| Leovigildo | Dices bien; apartarla,
darle muerte o de España desterrarla
importa luego. |
| Bada | Y luego,
en la cárcel las dos, si Amor es fuego,
con fingidos amores
trocaremos en glorias sus rigores. |
| Leovigildo | Muy bien me ha parecido. |

(Salen Teosindo y Ormindo.)

Teosindo	Ya queda preso.
Leovigildo	¿Y queda reducido?
Ormindo	Antes, firme y constante,
promete ser durísimo diamante.
Leovigildo	Pues ablandarle quiero
con la inocente sangre de un cordero.
Mata, Rodulfo, al niño.

	Grana sea el que fue cándido armiño;
	que con igual tormento
	ha de morir o ha de mudar intento.

Cardillo	Yo a vencerle me allano.
	Haz que me lleven preso por cristiano,
	donde, embustes fingiendo,
	desengañarle y contrastar entiendo,
	o no seré Cardillo.

Leovigildo	Vamos a castigallo o reducillo.
	El hijo de esta fiera,
	para infundirle espanto, luego muera,
	aunque sea mi nieto,
	que por mi ley mi sangre no respeto,
	que aquí el valor estriba.

Todos	¡Viva el gran Leovigildo!

Leovigildo	Pueblo: ¡Viva
	el magno Recaredo!,
	que yo con tanto mal vivir no puedo
	en pena tan extraña.

Todos	¡Viva el gran Recaredo, rey de España!

(Vanse, y salen Hermenegildo, cargado de cadenas, e Ingunda ayudándole.)

Ingunda	Si yo la culpa soy, amado esposo,
	partamos las cadenas;
	no tenga yo la culpa y vos las penas;
	que en acto tan heroico y generoso,
	donde el triunfo es forzoso,
	no quiero ser vencida,

	siendo yo la mitad de vuestra vida,
	y así en las aflicciones,
	partamos como el alma las prisiones.
Hermenegildo	¡Ay, Ingunda! ¡Ay, esposa mía! ¡Ay, prenda mía!
	Estos fieros enojos,
	gloria y gusto son a vuestros ojos,
	y la prisión soberbia Monarquía.
	La dulce tiranía
	de su cristal confieso,
	que indigno y corto amor me tiene preso,
	y así en amantes lazos,
	troquemos las cadenas por los brazos.
(Abrázanse.)	
Ingunda	¡Ay, prisión amorosa!
Hermenegildo	¡Ay, lazo hermoso!
Ingunda	¡Quién presa así se viera
	toda una eternidad!
Hermenegildo	¡Quién estuviera
	siempre tan satisfecho y tan dichoso!
Ingunda	¡Ay, mi bien! ¡Qué apacibles cadenas!
Hermenegildo	¡Qué dulce padecer! ¡Qué alegres penas!
Ingunda	¡Muera en prisiones tales!
Hermenegildo	¡Sean en mí estos lazos inmortales!
	Aunque sin vuestro hijo,

turbarnos quiso Amor el regocijo!

(Salen Teosindo y Ormindo, uno con una alabarda. y ellos con toallas y sin sombrero, y, Rodulfo con una fuente cubierta.)

Teosindo	¡Rigor extraño!
Ormindo	Confieso que es temeraria crueldad.
Rodulfo	Hoy ha de perder el seso.
Teosindo	Con esos platos pasad.
Ingunda	Gente viene.
Hermenegildo	¡Hola! ¿Qué es eso?
Ormindo	Señor, las viandas son, que ya en la mesa os esperan.
Hermenegildo	Aliviaran el perdón, si cristianos las sirvieran con menos ostentación.
Teosindo	Pues que no hallan cristianos, cosa imposible ha de ser.
Hermenegildo	Volved los platos, villanos, que nada pienso comer que me sirvan arrianos.
Ormindo	Ya no hay persona en España que no lo sea.

Hermenegildo   Ya sé
que es la ambición tan extraña
que, engañándose en la fe,
en las virtudes se engaña.
Hoy la lisonja os condena,
y por ella merecéis
más castigo y mayor pena,
pues las conciencias ponéis
en la voluntad ajena.
Volved, vasallos ingratos,
los platos que habéis traído
y excusad los aparatos,
que yo solamente pido
más lealtad y menos platos.

Rodulfo   Este para ti se ha hecho,
y el no admitirle es en vano.

Hermenegildo   Ya su amargura sospecho,
que el ser plato de tu mano
ha de hacerme mal provecho.

Rodulfo   Antes, su misma sazón
te ha de admirar. Toma.

(Descubre la cabeza del niño.)

Hermenegildo   ¡Ingrato,
sin lealtad ni religión!
¿Qué plato es éste?

Rodulfo   Es un plato
guisado en tu corazón.

                        Plato es de un ángel.

Hermenegildo   ¡Oh, exceso
de la más atroz fiera!
¡Muerto soy!

Ingunda   Señor, ¿qué es eso?

Hermenegildo   ¡Ay de mí!

Ingunda   ¿Qué es?

Hermenegildo   La cabeza,
Ingunda, de mi proceso.
Proceso es una evidencia,
conclusa la causa tiene;
Moriré sin resistencia,
pues en la cabeza viene
el fallo de la sentencia.
Deme la muerte inclemente
sentencia y rigor igual,
pues hoy aprueba y consiente
proceso tan criminal
cabeza tan inocente.
Ofrenda inocente y santa,
cuya muerte maravillo,
donde es la presteza tanta
que a un tiempo leche y cuchillo
admiro en vuestra garganta,
y tan apriesa al pasar
es del cuchillo cortada,
que al venirse a derramar
de teñirse colorada
aun no le han dado lugar.

Leche es la sangre que os baña,
Abel de mi corazón,
siendo por tan torpe hazaña
la tierra de promisión
vuestra garganta en España.
¡Ah, tigre en obras y acciones!,
que padre no he de decirte;
aunque en tal trance me pones,
en lugar de maldecirte
te quiero dar bendiciones.
Bendígate el cielo, amén.
Plantas, aves, fieras, hombres,
mil alabanzas te den.
Dios te ensalce con renombres
y te bendiga también.
Y hagan a Dios más Abeles
con vos, inocente Abel.
Pero ya, gentes infieles,
hubo un abuelo fiel,
si hubo misterios crueles;
¡vive Dios!, que he de vengar
en vosotros su inocencia.
Con ésta os he de matar.

(Toma la alabarda y viene.)

Teosindo   Ven.

Ormindo   ¡Huye!

Rodulfo   En mí la sentencia
puedes aquí ejecutar;
pero al rey obedecí.

Hermenegildo	Esta cuchilla, alevoso, divida tu frente aquí. Pero... quiero ser piadoso por no parecerme a ti. La paciencia ha de triunfar. ¡Alza!
Rodulfo	¡Señor!
Hermenegildo	Vete, ingrato, y eso te puedes llevar, y advierte que no te mato porque te puedo matar. Mi clemencia te perdona cuando más ingrato fuiste. Lleva, pues ésta te abona, ésta, con que prometiste darme la mayor corona.

(Dale la alabarda.)

Rodulfo	Y aun te la prometo dar con ella.
Hermenegildo	Vete, sin ley, que es necio el lisonjear hoy al rey, que esto es ser rey y que esto es saber triunfar. Mi Dios, ¿qué es esto? ¿Qué es esto? ¿Tan presto tanto rigor? ¿Tanto castigo tan presto? ¡Ya no hay paciencia!
Ingunda	Señor,

¿vos triste y tan descompuesto?
¿Vos dar voces? Nos perder
la paciencia, cuyo nombre
inmortal os ha de hacer?
Ved que me tendrán por hombre
y que os tendrán por mujer.
Mías las lágrimas son
y vuestro el valor perdido.
Triunfad en esta aflicción,
que Dios en ella ha querido
probar vuestro corazón.
Alma es mía este ángel bello
como vuestro, y sufro y callo,
y pues triunfamos en ello,
cantad a Dios el ganallo
y no lloréis el perdello.
Si es el altar más propicio
siempre un corazón sincero,
en él, con piadoso oficio,
de este inocente cordero
a Dios le haced sacrificio.
Halle el rigor resistencia
por tan invencible modo
y por tan alta excelencia,
pues se viene a perder todo
si se pierde la paciencia.
¿Qué es un reino y qué es un hijo?
Por Dios su triunfo cantad,
que en vuestro llanto la crueldad
y la pena es regocijo.
Si a Dios agradar queréis,
quien sirve en nada repara;
si le servís, no lloréis,
porque es echarle en la cara

	el servicio que le hacéis.
Hermenegildo	Solo consolarme vos
podéis en pena tan fiera.
Ingunda	Juntos estamos los dos,
y cuando nos dividiera
regalos fueran de Dios.

(Sale Recaredo y algunos de acompañamiento.)

| Recaredo | En medio de mi grandeza,
majestad, pompa y poder,
me ha podido entristecer
tu aflicción y tu tristeza.
Y ansí vengo, como ves,
a consolarte y pedirte
y, como hermano, advertirte
que a tantos engaños des,
Hermenegildo, de mano,
volviendo a tu antiguo honor
y a ser del mundo señor,
honrando el nombre arriano.
Mira la torre en que estás,
donde tu cabeza apenas;
mírate en tantas cadenas
y en tanta infamia, que es mas.
Mira a Dios contigo airado,
mira tu padre ofendido,
mira un reino que has perdido
y un infierno que has ganado.
Vuelve, Hermenegildo, en ti,
aplaca a Dios, que perdona
con clemencia, y la corona |

de España tendrás ansí,
que desde luego te doy.
Y aquí, postrado a tus pies,
con la majestad que ves,
tu mayor vasallo soy.
Todos los pies le besad
a Hermenegildo, mi hermano,
y por el pueblo arriano
la victoria celebrad.

(Cantan dentro.)

Músico
¡Viva Hermenegildo,
que es rey de España,
porque al padre obedece
Dios le levanta!
De esta gran vitoria
que Arrio en él alcanza,
a pesar de Roma,
dadle a Dios las gracias.

Hermenegildo
Callad, monstruos del infierno,
que a Dios la gloria conquisto.
Padre y Dios honra a un Dios Cristo
Hijo del Padre coeterno.
En éste se encierra todo,
sin división en la esencia;
que una sola omnipotencia
son por inefable modo
las dos Personas distintas,
y aunque distintas las dos,
no es distinto el ser de un Dios
en ellas.

Recaredo	Ideas pintas, loco, en tu imaginación a tu gusto; pero advierte que ha de causarte la muerte en larga y fiera prisión. Hasta aquí, compadecido de verte, bárbaro, ansí, la corona te ofrecí; pero, ya de ti ofendido, solo disgustos te ofrezco, iras y persecuciones. Dobladle aquestas prisiones.
Hermenegildo	Más en tu enojo merezco.
Recaredo	Pues por que merezcas más, lo que mi padre os ordena haced.
Américo	Más que en esa pena en otra merecerás, porque el rey...
Ingunda	Monstruo le di, que mató a su semejanza por una torpe venganza si pido venganza ansí.
Hermenegildo	¿Qué manda el rey?
Américo	Que llevemos a Ingunda, de quien sospecho que hará lo mismo que ha hecho de tu hijo, y no podemos

	dejarle de obedecer.
Hermenegildo	Esto es si licencia os doy. ¿No sabéis, viles, quién soy y que Ingunda es mi mujer?
Américo	Y aun por eso la prendemos.
Hermenegildo	¡Vive Dios, que si llegáis...!
Recaredo	¡Basta!
Hermenegildo	No basta.
Ingunda	No hagáis, dulce esposo, esos extremos, que si mil vidas tuviera las ofreciera por vos.
Recaredo	Asidla y llevadla.
Ingunda	Adiós.
Hermenegildo	Ministro infernal, espera, aguarda, mira que Ingunda es mi alma; no la llevas. Oye.
Ingunda	En tan heroicas pruebas hoy tu paciencia se funda.
Hermenegildo	¿Ansí, mi Ingunda, me dejas? Crueldad parece.

Ingunda	Señor, antes es sobra de amor, aunque de mi amor te quejas. Aquí importa ser cruel para ser piadosa.
Hermenegildo	Espera.
Ingunda	Si aquí esperara, perdiera de esta victoria el laurel. Austria soy; viva en España el nombre de Austria por mí, dándole, rubí a rubí, alma a la mayor hazaña; en mí comience la fe a esmaltar su sangre en ella, que, como cándida estrella, memoria inmortal me dé.
Recaredo	Pues a morir vas.
Ingunda	Dichosa yo, que a triunfar de ti voy.
Hermenegildo	Lágrimas, peñasco soy, y ésta es fuente sonorosa. Perdóname esta terneza, que parece que en los dos ha querido, esposa, Dios mentir la naturaleza. Pero, pues vas a morir, lleva mi vida al castigo, por que muriendo contigo contigo vuelva a vivir.

| Ingunda | Y yo mi vida te dejo
para que te infunda y dé
mi fortaleza y mi fe
como cristalino espejo. |

(Vanse todos, llevándola. Queda solo Hermenegildo.)

| Hermenegildo | Señor, perdonad si lloro,
que son las fortunas tantas,
que al sentimiento se atreven,
y aunque es de piedra, lo ablandan
Dadme más de Job o dadme
menos aflicciones. Basta
que cuanto me distes pierda,
aunque de paciencia salga.
Si dijistes por David
que la medida se hallaba
en el corazón del vuestro
por ser vuestra semejanza,
dadme a mí su corazón
donde quepan las desgracias,
que el mío me viene estrecho
y el pecho me despedaza.
Mas perdona, que el amor
estos desatinos causa;
disculpadlos y sufridlos,
pues sois Vos el que más ama.
Poco golpe fue perder
la monarquía de España,
y el golpe, Señor, del hijo
no pasó de las entrañas.
Mas, ¡ay!, que el golpe de Ingunda
es golpe que llegó al alma, |

                y ansí son pedazos suyos
                los que parecen palabras.
                ¡Ay, prenda del alma mía!

(Aparece un Ángel.)

Ángel   ¡Hermenegildo!

Hermenegildo   ¿Quién llama?

Ángel   Quien por abismos de nubes
                ansí a consolarte baja.
                Glorioso es tu sufrimiento
                y divina tu constancia
                por quien porque el que hoy desprecias
                mayor imperio te aguarda.
                Quiere Dios que te atropellen
                cuando defiendes su causa;
                no es sin providencia eterna,
                cuyos secretos no alcanzas.
                Al fin, por ti y por tu esposa
                logrará la Iglesia santa
                en España eternamente
                cristianísimos monarcas,
                que, con el sacro apellido
                de católicos, deshagan,
                como el Sol, oscuras nieblas
                de apóstatas heresiarcas.
                Y aunque por pecados suyos
                triunfe por traidoras armas,
                de España ahora, habrá reyes
                siempre de tu ilustre casa.
                Que tu fe amparará en ella,
                y, por deberle a los Austrias,

            Dios esta sangre que tiene
            rubíes que su Iglesia labran,
            los trasladarán a imperio
            con siempre heroicas hazañas,
            con memorables virtudes
            y inmortales alabanzas.
            Entre ellos venera ahora
            estos dos sacros jerarcas,
            que de tu esposa y de ti
            han de ser vivas estampas.

(Aparecerá en lo alto Felipe III, y Margarita en dos sillas, y en otra, un poquito más abajo, Felipe IV, con sitial, poniendo la corona los dos.)

            Llamaráse Hermenegildo,
            como tú, y ella, del nácar
            de Alemania, Margarita,
            y perla preciosa y sacra.
            Estos dos ángeles bellos
            que a ti y a Ingunda retratan,
            de los años mismos vuestros,
            buscarán eterna patria.
            Llevaráse Margarita
            Dios por castigar a España,
            y llorará Hermenegildo,
            como tú, también su falta.
            Y el Santísimo después,
            como la flor que en el árbol
            nacer y morir a un tiempo
            con soberanas fragancias,
            de virtudes hará el reino
            mar de lágrimas amargas,
            que fueran en él eternas,
            que así las grandezas pasan,

porque en siete pies de tierra
mentidas deidades paran,
que los imperios de Dios
son los que jamás se acaban.
Esto ganas si esto pierdes.
Consuélate si esto ganas.

(Desaparece con música.)

Hermenegildo   Salve, sacro Hermenegildo;
salve, Débora cristiana,
obra del rosado fénix
que vuestros años restaura,
y en quien mi fe desde hoy tiene
fundadas las esperanzas,
que han de ser sacros laureles
y han de ser triunfantes palmas.

(Salen Américo y Ofrido con Cardillo, preso, de ciego, y Orosio, obispo hereje.)

Ofrido   Defiéndale Hermenegildo,
que sus errores alaba.

Hermenegildo   ¿Qué es eso?

Cardillo   Cardillo soy,
que porque digo que es falsa
la opinión de Arrio, que siguen,
así, señor, me maltratan.

Hermenegildo   ¿Qué? ¿La católica fe
sigues?

Cardillo   Si ella a ciegas anda,

	también yo la sigo a ciegas, porque la vista me falta, y éstos me dicen que ha sido castigo de esta mudanza.
Ofrido	Castigo es, porque has negado la opinión de Arrio, que trata a los sacrílegos Dios ansí.
Hermenegildo	¡Callad, infame, canalla!
Orosio	Detén las manos, advierte que a un pontífice maltratas de la Iglesia.
Hermenegildo	¡Infame, mientes!
Orosio	De Grecia soy patriarca y arzobispo de Sevilla.
Hermenegildo	¿Obedeces la tiara romana?
Orosio	No; que antes soy quien sus errores contrasta.
Hermenegildo	¡Ah, ponzoña de la Iglesia adogmatista!
Cardillo	La traza para vencerle es famosa, que Dios la vista me guarda y veo más bien que un necio

	cuando mira ajenas causas.
Orosio	Pues para que eches de ver que en esa opinión te engañas, hagamos aquí la prueba.
Hermenegildo	¿Con la Iglesia en pruebas andas? Y con la fe los que creen, sin prevenciones se salvan, y ansí sin ojos la pintan.
Orosio	Pues bien, la fe acreditaban los apóstoles con obras y maravillas extrañas. Y ansí, si a este miserable, a quien su pecado agravia, la vista le diere en nombre de la religión que aguarda, ¿seguirás la verdad?
Hermenegildo	Yo, aunque tengo confianza de Dios, de mí no la tengo.
Orosio	Ya temes, pues te acobardas. Pues yo quiero hacer la prueba por que de tu engaño salgas. Hombre, ¿quieres ver en nombre de Arrio y su opinión?
Cardillo	Sagrada cosa es la vista. Ver quiero, aunque a oscuras bien Me hallaba, porque excusaba de ver

brujas, demonios, fantasmas
del mundo, que ésos en pie
que a cuantos los miran matan
con bárbaras dagas; viudos
que se disfrazan con barbas;
también me excusan de ver
boquifruncidas con sarna,
pues cuando ríen o miran
hacen como el que se rasca;
no veré tortorotones,
sombreros de piedra, estatuas
que piensan que la grandeza
está en la mala crianza.
No veré gordos, que son
ganapanes de sus panzas;
servicio con zaragueles,
y muladares con capas.
Patituertos no veré,
ni veré mujeres flacas,
ranas en pie, mimbres vivas,
monos sin cola y con habla.
No veré enanos ni dueñas
ni otras sabandijas varias
que en el mar de los palacios
son miserables urracas.
Ni veré mujeres peces
que, enharinadas, aguardan
que las frían en su aceite,
siendo sartenes sus caras.
Ni veré si el tabernero
hace tarascas de agua
el vino, y si hay en él moscas,
que es la más fiera desgracia.
Al fin, no veré visiones

	en las calles y en las plazas, y haré versos y coplitas del perro del rey que rabia; pero, con todo, quería ver.
Orosio	Pues Dios, hombre, te manda que abras los ojos en nombre de la opinión soberana de Arrio.
Cardillo	No puedo, no puedo. ¿Mas si ciego me quedara?
Orosio	¿De veras? Abre los ojos.
Cardillo	Imposible es que los abra, aunque más haga. Ello es hecho, ¡vive Dios!, que se fue a Francia, como lamparón, la vista.
Orosio	Abre los ojos, acaba.
Cardillo	No puedo.
Orosio	¿Qué dices?
Cardillo	Digo que voy, viniendo por lana, trasquilado.
Hermenegildo	Si es verdad la que engrandeces y cantas, ¿cómo no le has dado vista?

Orosio	(Corrido estoy. ¡Dios le ampara! / La que Hermenegildo sigue / es la verdad; mas callarla / quiero para conservar / mi autoridad y mi fama. / Confuso estoy. ¡La vergüenza / de su presencia me aparta!)
(Vase.)	
Cardillo	Orosio, arzobispo Orosio.
Hermenegildo	Fuese sin hablar palabra.
Cardillo	Fuese y a oscuras me deja. / ¿Hay tan gran maldad? Aguarda. / Orosio: dame mi vista, / dame mi vista. ¡Oh, falsas / experiencias, que a los ojos / me habéis salido! A tus plantas, / perdón pido, Hermenegildo, / de mi engaño, que pensaba / con él reducirte al gremio / de tu padre; pero guarda / Dios semejantes castigos / para acreditar sus causas. / Con vista vine y estoy / sin ella; justa venganza / de mi culpa. ¡Perdón pido, / y la vista que me falta!
Hermenegildo	Esa quiere Dios que pierdas / para dártela en el alma.

	Ten firme esperanza.
Cardillo	¿Ahora me pagas con esperanzas?
Hermenegildo	Amigo, llora tus culpas.
Cardillo	¡Yo estoy bueno!
Hermenegildo	Amigo, aguarda
Cardillo	¿Hay por allá por ventura alguien que mi vista traiga, que se me ha caído y voy buscándola?

(Salen Lísipa y Bada.)

Lísipa	Aparta.
Bada	Aparta.
Cardillo	Mi vista busco.
Bada	Podrías mal en dos ciegas hallarla.
Lísipa	Sentida, Hermenegildo, de tus penas, a darte libertad y imperios vengo, trasladándole al alma esas cadenas, puesto que en crueldad presas las tengo. Fénix soy del Ofir, de cuyas venas, para coturnos a esos pies prevengo lágrimas de oro como el Sol estrellas,

en sangrías riquísimas y bellas.
La Grecia me obedece, en quien admiro
gloriosas y imperiales ceremonias,
donde el mar, en gavetas de zafiro,
diamantes cría y guarda calcidonias.
Rodas me da su estatua, y su pez, Tiro,
vergüenzas de púrpuras sidonias,
que en sus escamas coloradas quedan
por que sacras después vestirme puedan.
Perlas rinde a mis pies la ausonia playa.
vírgenes en clausura de colores,
en cándido algodón copos Acaya
y abriles Amor en cárceles de flores.
Pebetes son los montes de Pancaya,
que holocaustos me dan, sudando olores,
hielo limpio que empíreo de luz goza
las aguilas que tiran mi carroza.
Sin ochenta provincias tributarías
pendientes del aliento de mis leyes,
Babilonia me sirve y rinde parias,
y en coral, plata y oro nueve reyes,
juzgándome deidad, acciones varias,
sacrificios me dan de ardides bueyes,
donde el gigante Elor, en parda nube,
redimido del fuego, al Sol se sube.
Esto todo te ofrezco por que dejes
esa fiera mujer, que es tu homicida,
y en tálamo gentil mi amor festejes,
que prometo pagarte, agradecida,
sin que de celos ni desdén te quejes.
Esto tuyo será, como mi vida,
siendo tuya también, del mismo modo,
mi libertad, que vale más que todo.

Bada	No tan soberbia yo, ni tan altiva,
	si dejas esa Circe de Alemania,
	ceñida de ciprés, palma y oliva,
	te ofrezco la apacible Mauritania.
	En ella, en edad siempre primitiva,
	mansas te rendirán tigres de Hircania
	sus variadas felpas, con que puedas
	menospreciar las púrpuras y sedas.
	El Pesado avestruz te dará plumas
	que hagan nidos de cisnes tu cabeza,
	o estanques de cristal, cuyas espumas
	desafíen al viento en ligereza.
	Y cuando competir galán presumas,
	con las palmas en pompa y en riqueza,
	sin robar a los montes su tesoro,
	sus dátiles harás asientos de oro.
	Los sueltos dromedarios y camellos
	y el fénix te dará la Libia seca,
	y mis ganados, si quisieres vellos,
	ríos de leche y montes de manteca.
	Rústicos obeliscos como bellas
	babilonias de flor que en miel se trueca,
	que, despreciando cristalinas orzas,
	las piedras hace almíbares y alcorzas.
	Dará en rústicos lienzos y algodones
	ley a muchos vasallos tu justicia,
	cuyas pocas y breves poblaciones
	no han turbado el acero y la milicia.
	Y entre el oro y la plata que a montones
	en sus fértiles campos desperdicia,
	mi libertad te ofrezco, si hay en ella
	más calidad que en Mauritania bella.
Lísipa	¡Qué pobre y qué cansada!

Bada	Y tú qué loca.
Lísipa	¡Donosa Mauritania!
Bada	¡Altiva Grecia!
Lísipa	Mauritania y, desierta, cosa poca.
Bada	Grecia y, tantas provincias, cosa necia.
Lísipa	Aquí este desengaño al rey le toca.
Bada	Ahora se verá lo que desprecia.

(Vase Hermenegildo sin hablar palabra.)

Lísipa	Con la espalda responde.
Bada	¡Cosa extraña!
Lísipa	De esta suerte a las dos nos desengaña.
Cardillo	A oscuras habéis quedado como yo.
Lísipa	¿Hay tales locuras?
Cardillo	Hagamos un baile a oscuras; yo les guiaré el cruzado. ¿Quieren que hagamos coplitas, señoras, de este desprecio?
Lísipa	¡Vete, loco!

Bada	¡Vete, necio, que a más venganza me incitas!
Cardillo	Si a cólera te provocas, a tiento me quiero entrar. ¿Hay quien me mande rezar el desprecio de dos locas?

(Vase.)

Lísipa	Corrida estoy.
Bada	Yo perdida.
Lísipa	Mejores Pascuas pensé darle a mi perdida fe.

(Sale Leovigildo y Orosio.)

Leovigildo	Hoy ha de quedar vencida su pertinaz opinión. Lísipa y Bada, ¿qué es esto?
Lísipa	Este fiero nos ha puesto en tan grande confusión, pues todos nuestros intentos con su constancia ha vencido.
Bada	Venganza, señor, te pido.
Leovigildo	Sus obras y pensamientos pienso esta noche vencer, que, pues es pascua de flores,

mañana, con mis rigores,
Púrpuras las he de hacer.
Entrad adentro las dos,
importunas y molestas,
con regocijos y fiestas,
diciendo que hacéis a Dios
este aplauso por ver que hoy
nuestra vida ha reparado
y muerte a la muerte ha dado
resucitando.

Lísipa   Yo voy,
pues tu licencia me das,
a irritallo.

Bada   Yo a vencello.

Leovigildo   Llevad música.

Bada   Su cuello.
preso en mis brazos verás.

Lísipa   ¡Ay, tirano amor! Contigo
he de morir o triunfar.

(Vase.)

Bada   ¡Ay, amor, he de acabar,
o tú has de acabar conmigo.

(Vase.)

Leovigildo   Entrad vosotros también
a decir que se aperciba,

                        y que confiese y reciba
                        el Cuerpo de Cristo, en quien
                        nuestra vida se repara,
                        cumpliendo con el preceto
                        de la Iglesia y el decreto
                        de su romana tiara.
                        Y de la griega opinión
                        el arzobispo celebre
                        el sacramento en que apruebe
                        mi gusto. Será pasión
                        la Pascua, en él, de tal suerte,
                        que, lo que alegre y florida
                        es la pascua de la vida,
                        la venga a ser de su muerte.
                        Con majestad y valor
                        entrá, atropelladle luego,
                        pues lo del fingido ciego
                        me confesáis que fue error.

Orosio   Yo entro luego. (¡Muerto vos!)

Leovigildo   Tan padre como enemigo,
                        mi sacrílego castigo
                        un hijo llorando estoy.

(Vanse. Sale Hermenegildo y Cardillo, como ciego.)

Cardillo   Ya que la vista me debes,
                        dámela, señor, sirviendo
                        de mí báculo y arrimo.
                        ¿Hay quien mande rezar...

Hermenegildo   ¡Bueno
                        estás!

Cardillo	... la vida y martirio de San Hermenegildo?
Hermenegildo	Quedo.
Cardillo	Este es mi quedo.
Hermenegildo	¿Yo santo? ¿Qué es lo que dices?
Cardillo	Como Cardillo, ya veo tu imagen en esta torre, y en ella un ilustre templo, donde Sevilla te adore, y me parece que rezo tus milagros y tu vida.
Hermenegildo	¡Mucho ves para estar ciego!
Cardillo	Aunque lo estoy, desde aquí estoy divisando atento un necio, porque ya se hallan a ojos cerrados los necios. ¿No es verdad?
Hermenegildo	Los que se salvan son, amigo, los discretos. Reclinémonos un poco.
Cardillo	¿Dónde?
Hermenegildo	Aquí mi cama tengo.
Cardillo	¿Qué es esto?

Hermenegildo	Sarmientos son.
Cardillo	¿Sarmientos? ¿Tú en sarmientos ¿De rey paraste en racimo?
Hermenegildo	Y aun tal cama no merezco.
Cardillo	¡Que de un monarca de España esto se crea!...
Hermenegildo	El remedio del mundo se obró esta noche, acreditando el misterio de la Pasión, porque puso la Resurrección el sello en las obras inefables y en los heroicos portentos de Dios. Esta noche a voces los ángeles van diciendo himnos y antífonas santos.
Lísipa (Dentro.)	Proseguid.
Cardillo	¿Aquí instrumentos?
Hermenegildo	Los que me guardan serán para darme, que esto pienso.

(Entran Bada, Lísipa y Teosindo. Canta el Músico. Cantan.)

Músico	«Solía que andaba el que ingrato es hoy; solía que andaba

	y ahora no.»
Lísipa	Escaparte es imposible de mi amorosa pasión.
Bada	Mío serás en mis brazos. Mas, ¡ay de mí!, ciega estoy.
Lísipa	No es mucho, si aquí te cubre tan soberano esplendor.
Bada	Cobarde estoy y confusa.
Lísipa	Infiernos, hoy nieve soy.
Bada	Mucho a Dios en él admiro.
Lísipa	En él temo mucho a Dios.
Hermenegildo	¿Qué os suspendéis? Proseguid, amigos, vuestra canción, que ésta es noche de alegría.
Lísipa	Y de vergüenza en las dos.
(Vanse.)	
Teosindo	Por que cumplas con la Pascua al arzobispo traemos en la comunión.
Hermenegildo	¿A quién tan gran beneficio debo?

Teosindo	A tu padre.
Hermenegildo	A su piedad
y a su amor se lo agradezco.
¿Viene Leandro, mi tío,
o viene mi tío Fulgencio?
¿Viene Ildefonso o Isidro?

(Entran Rodulfo y Orosio, y otro que trae delante el alabarda.)

Rodulfo	¡Plaza!
Orosio	Yo soy el que vengo.
Hermenegildo	¿A qué vienes?
Orosio	A pedirte
que confieses.
¡Habla!
Hermenegildo	Vete, cruel;
de la Iglesia fiera arpía,
que ensucias con tus intentos
las mesas en que Dios hace
plato de su sangre y cuerpo.
Orosio	¿Ansí el respeto me pierdes?
Hermenegildo	Vete, demonio, al infierno.
Que te haré dos mil pedazos.
Rodulfo	¡Tente!
Orosio	¡Que me mata!

(Sale Leovigildo.)

Leovigildo ¿Qué es esto?

Hermenegildo ¿Qué ha de ser? Triunfar por Dios.

Orosio ¡Con tan bárbaro desprecio
me ha tratado!

Hermenegildo Y pienso hacer,
ingrato padre, lo mesmo
con los que tu engaño siguen,
con los que aprueban tu yerro.

Leovigildo ¿Hay tan enorme locura?
¿Hay tan fiero atrevimiento?
Hoy has de morir, ¿Rodulfo?

Rodulfo ¿Señor?

Leovigildo ¡Matadle, villano!

Hermenegildo ¡Mátame, ingrato Sisberto!

Rodulfo Ansí aquí te satisfago
y ansí a mi rey obedezco.
Desta suerte te la vuelvo.

Hermenegildo Hasta la muerte dijiste.
Bien cumpliste el juramento.

Rodulfo También con ella te doy
la mayor corona.

(Entrase tras él.)

Hermenegildo ¡Muerto soy!

Leovigildo Yo también lo soy,
que aunque te mate, lo siento.

Teosindo ¿Quién vio tan míseras Pascuas?

Cardillo ¿Quién tan trágico suceso?

(Salen Recaredo y los demás con Ingunda, presa. Sale Hermenegildo y cae en los brazos de Recaredo.)

Recaredo Ya traemos esta ingrata
para que en largo destierro
salga de España.

Hermenegildo En tus brazos
salgo a morir, Recaredo,
para que te dé mi sangre
divino conocimiento
de la verdad por quien vivo,
cuando imaginas que muero.

Recaredo ¿Qué es esto?

Ingunda ¡Válgame Dios!

Hermenegildo Dar en mis rubíes sangrientos
muros a la ciudad santa
de Jerusalén en ellos.

	Hermanos, al Fénix imita abrasado, pues soy fuego.
Ingunda	¡Ay, mártir santo!
Hermenegildo	¡Ay, mi Ingunda! A vos estos triunfos debo. Dadme los brazos.
Leovigildo	¡Ay! Y yo de mi crueldad me arrepiento.

(Aparece el Niño arriba, de gloria, con la cabeza en la mano.)

Niño	Subid, subid, padre, al premio.
Hermenegildo	¿Quién eres?
Niño	¿No me conoces? Soy un ángel, que mi abuelo le ofreció a Dios, que en las manos mi cabeza ansí le ofrezco.
Leovigildo	Perdóname, ángel hermoso.
Niño	Seré con Dios ángel vuestro.
Ingunda	¡Ay, hijo! ¡Dichosa yo, que ansí os gano cuando os pierdo!
Niño	Subid, padre, que os aguarda con palma y corona el cielo.
Cardillo	¡Señor, duélete de mí!

                        ¡Dame vista!

Hermenegildo   El cristal tierno
                        baña en mi sangre y verás,
                        pues de ella se esmaltó el suelo.

(Aparece arriba la Santísima Trinidad como la pintan; el Padre, que tiene al Hijo crucificado entre sus brazos, y el Espíritu Santo, como paloma, y dos ángeles, teniendo una corona, en la cual, subiendo, llega a meter la cabeza Hermenegildo.)

Ángel   La verdad que has defendido,
                        Hermenegildo, en el suelo
                        con tu sangre, premia Dios,
                        pues por el perdido imperio
                        gozas la mayor corona
                        en los inmortales reinos.

Hermenegildo   En vuestras piadosas manos
                        el mi espíritu encomiendo.
                        Perdonad mis enemigos.

(Muere arriba. Cúbrese todo.)

Ingunda   En aquese imperio eterno
                        rogad por mí. ¡Adiós, esposo!

Recaredo   ¡Otro con su sangre quedo!

Leovigildo   ¡Otro con su sangre soy!

Rodulfo   ¡Otro soy y otro parezco!

Orosio   ¡Viva Cristo!

Fin de la comedia

Libros a la carta

A la carta es un servicio especializado para
empresas,
librerías,
bibliotecas,
editoriales
y centros de enseñanza;
y permite confeccionar libros que, por su formato y concepción, sirven a los propósitos más específicos de estas instituciones.

Las empresas nos encargan ediciones personalizadas para marketing editorial o para regalos institucionales. Y los interesados solicitan, a título personal, ediciones antiguas, o no disponibles en el mercado; y las acompañan con notas y comentarios críticos.

Las ediciones tienen como apoyo un libro de estilo con todo tipo de referencias sobre los criterios de tratamiento tipográfico aplicados a nuestros libros que puede ser consultado en Linkgua-ediciones.com.

Linkgua edita por encargo diferentes versiones de una misma obra con distintos tratamientos ortotipográficos (actualizaciones de carácter divulgativo de un clásico, o versiones estrictamente fieles a la edición original de referencia).

Este servicio de ediciones a la carta le permitirá, si usted se dedica a la enseñanza, tener una forma de hacer pública su interpretación de un texto y, sobre una versión digitalizada «base», usted podrá introducir interpretaciones del texto fuente. Es un tópico que los profesores denuncien en clase los desmanes de una edición, o vayan comentando errores de interpretación de un texto y esta es una solución útil a esa necesidad del mundo académico.

Asimismo publicamos de manera sistemática, en un mismo catálogo, tesis doctorales y actas de congresos académicos, que son distribuidas a través de nuestra Web.

El servicio de «libros a la carta» funciona de dos formas.

1. Tenemos un fondo de libros digitalizados que usted puede personalizar en tiradas de al menos cinco ejemplares. Estas personalizaciones pueden ser de todo tipo: añadir notas de clase para uso de un grupo de estudiantes, introducir logos corporativos para uso con fines de marketing empresarial, etc. etc.

2. Buscamos libros descatalogados de otras editoriales y los reeditamos en tiradas cortas a petición de un cliente.

www.ingramcontent.com/pod-product-compliance
Lightning Source LLC
Chambersburg PA
CBHW051344040426
42453CB00007B/398